DIETER SCHULZ

Besondere Wege

*Welche Bedeutung haben Kinder
mit Behinderung für die
Biographie ihrer Eltern?*

VERLAG FREIES GEISTESLEBEN

ISBN 3-7725-1261-5

1. Auflage 1999
Verlag Freies Geistesleben
Landhausstr. 82, 70190 Stuttgart
Internet: www.geistesleben.com

Inhalt

II Der Weg des Kindes

III Der gemeinsame Weg

Einleitung

Die Idee für dieses Buch entstand während der Arbeit mit Eltern, insbesondere mit Müttern, und deren Kindern, die eine Behinderung haben, entwicklungsgestört sind oder sich so verhalten, daß sie die Erwachsenen an ihre Grenzen bringen. Wer mit Kindern zu tun hat, wird unweigerlich mit seinem eigenen Unvermögen und mit seinen seelischen und körperlichen Grenzen konfrontiert. Vom Erkennen und Zulassen dieser Grenzen wie auch vom Arbeiten an ihnen ist in diesem Buch die Rede; denn das ist ein wesentlicher Aspekt in dem Zusammenhang, welche Bedeutung ein Kind mit einer Behinderung für die Biographie seiner Mutter und seines Vaters hat. Die Auseinandersetzung mit dieser Frage wirkt sich in zweierlei Richtung positiv aus. Zum einen besteht für die Eltern die Chance, den chronischen Förderdruck, der ihnen hauptsächlich durch die selbstverständliche Erwartung seitens der Umwelt auferlegt wird, in eine ihnen und dem Kind gemäße helfende Begleitung umzuwandeln. Der Abbau des Drucks, des Ringens darum, das Kind so weit wie möglich zur sogenannten Normalität hin fördern zu müssen, schafft aber auch Entspannung für die ganze Familie, und damit ist die zweite Wirkensrichtung angesprochen.

Gehen wir vom Kind mit einer Behinderung aus, so habe ich die Erfahrung gemacht, daß das Kind nur dann gefördert werden kann oder sich fördern läßt, wenn seine Mutter, sein Vater die dafür notwendige Kraft wirklich zur Verfügung haben.

Kraft ist für die Eltern oft ein großes Problem – woher sie nehmen? Ich habe versucht, die Kraftproblematik, vielleicht besser gesagt: die Tragekraftfähigkeit, vom physischen, seelischen und geistigen Gesichtspunkt aus zu beleuchten.

Drei Elternpaare berichten über ihre eigenen Erfahrungen mit ihren Kindern, wofür ich ihnen sehr dankbar bin.

Meine Ausführungen in diesem Buch beruhen auf der von Rudolf Steiner ins Leben gerufenen Anthroposophie, so wie ich sie verstehe; sie ist auch die Grundlage meiner Arbeit als Heilpädagoge in freier Praxis.

Die Anthroposophie kann zu Erkenntnissen über das geistige Wesen des Menschen und seinen Zusammenhang mit der Welt verhelfen, die das Wesen einer Behinderung und des Menschen, der mit dieser Behinderung lebt, anders oder neu, vertieft oder erweitert verstehen lassen.

Rudolf Steiner selbst hat wiederholt dazu aufgefordert, seine Aussagen nicht auf Autorität hin anzunehmen oder sie einfach nur zu glauben, sondern sie mit dem Denken zu prüfen. Wie ein Mensch zu solch konkreten und differenzierten Aussagen über das Geistige kommen kann, das stellt Rudolf Steiner unter anderem in seinem Buch *Wie erlangt man Erkenntnisse der höheren Welten*[1] ausführlich dar. Jeder Mensch kann, wenn er es will, den dort beschriebenen inneren Weg gehen und wird zu denselben Aussagen kommen. Aber auch diejenigen – und das betrifft sicherlich die meisten Menschen –, die noch nicht selbst zu diesen Erkenntnissen zu gelangen vermochten, können doch die Aussagen der Anthroposophie in ihr Leben mit einbeziehen und sie praktisch wirksam werden lassen, wie es seit Jahrzehnten in der anthroposophisch orientierten Medizin, der Waldorfpädagogik, der Heilpädagogik, der biologisch-dynamischen Landwirtschaft und auf anderen Lebensgebieten mit Erfolg geschieht. So verstanden ist die Anthroposophie keine Philosophie unter anderen, sondern eine im Leben bewährte Geisteswissenschaft, die allen Menschen offen steht, ganz gleich welcher Religion oder Weltanschauung sie angehören.

Ich beziehe mich an manchen Stellen unmittelbar auf Rudolf Steiner und gebe zum Beispiel das wieder, was er über das

vorgeburtliche Leben mitgeteilt hat. Im Rahmen dieses Buches ist es jedoch nicht möglich, solche Aussagen, die auf weiteren geisteswissenschaftlichen Erkenntnissen der Menschen-
und Weltentwicklung basieren, gründlich darzustellen. Die
Literaturhinweise am Ende des Buches geben die Möglichkeit,
das hier Dargestellte vertiefend weiterzuverfolgen.

I

DER WEG DER ELTERN

Momentaufnahme

Lucia schreit. Jeden Tag.

Seit ihrer Geburt vor sieben Jahren ist sie auffällig. Die Fachleute sprechen von autistischer Symptomatik.

Im Moment schreit sie, weil sie zornig ist. Sprechen kann sie nicht. Sie möchte mehr Orangensaft haben. Die Mutter verweigert es ihr. Lucia trinkt nur Orangensaft, seit drei Jahren. Nichts anderes. Ein bißchen Verdünnung mit Wasser akzeptiert sie, bei zuviel Wasser im Saft schreit sie auch.

Die Geschwister verlassen das Zimmer, nur die Mutter bleibt. Obwohl sie weiß, daß sie es lieber nicht tun sollte, gibt sie Lucia schließlich noch ein Glas Saft; darauf kehrt Ruhe ein. Endlich. Bis zur nächsten kritischen Situation, vielleicht in zwei Minuten, mit Glück erst nach ein paar Stunden. Je nachdem. Es hängt sehr von der Atmosphäre in der Familie ab, besonders von Frau M.s Stimmung. Je ruhiger, emotionsloser und gefaßter sie in einer schwierigen Situation auf Lucia eingehen kann, desto schneller läßt diese sich beruhigen.

Kommt Wut hoch, schreit Lucia nur noch lauter. Schreit Frau M. auch, herrscht Chaos. Es nützt nichts. Alles wird nur noch schlimmer.

Woher aber immer die Kraft nehmen, richtig zu reagieren? Woher überhaupt Kraft nehmen, dieses Leben weiter zu ertragen?

Szenenwechsel

Frau M. bringt Lucia jeden Mittwoch zur Therapie. Bis zur Aufnahme in den Kindergarten kam eine Therapeutin ins Haus. Jetzt muß Frau M. fahren. Eine Strecke 27 Kilometer. Pro Woche durchschnittlich drei Termine, Arzt und Krankengymnastik eingerechnet. Der fünf- und der dreijährige Bruder sind heute dabei. Frau M. hat niemanden gefunden, der in der Zeit ihrer Abwesenheit auf die beiden aufpassen könnte.

Zu Beginn der Stunde die Frage: «Wie geht's?» Frau M. kennt die Frage und hat jedesmal Probleme damit, sie zu beantworten. Eigentlich bräuchte sie zwei oder drei Stunden, ganz ohne Kinder, um die Frage zu beantworten, wie es geht. Die Zeit ist nicht da. Sie weiß, nach 45 Minuten kommt der nächste. Also zuckt sie nur ganz leicht die Schultern und sagt: «Ach danke, es geht schon.» Dabei schaut sie ermahnend zu den Brüdern Lucias, die sich im Behandlungszimmer über ein Regal mit Spielzeug hermachen. Tatkräftig einschreiten kann sie nicht, sie muß ja immer Lucia an der Hand halten. Täte sie das nicht, würde Lucia auch ans Regal gehen, aber richtig. Im Handumdrehen wäre Chaos im Zimmer, das will sie nicht. Der Therapeut bittet sie, mit den Brüdern im Wartezimmer Platz zu nehmen, damit er mit Lucia arbeiten kann.

Am Ende der Stunde gibt er Ratschläge mit, was man mit Lucia zu Hause tun könnte oder besser: sollte. Frau M. weiß, daß sie viel tun müßte mit Lucia, neben den Geschwistern, der Hausarbeit und den Terminen. Sie leidet unter einem schlechten Gewissen, weil sie glaubt, zu wenig zu tun.

Auf der Heimfahrt wird es einem der Brüder schlecht, er muß sich erbrechen. Frau M. hält an, versucht ihn zu beruhigen und wischt nebenher mit ein paar Papiertaschentüchern das Gröbste weg. Lucia versteht nicht, warum ihre Mutter auf dem Standstreifen der Schnellstraße anhält. Die Lastwagen sind so laut. Lucia schreit.

Als Frau M. mit den Kindern nach Hause kommt, hat ihr Mann auf den Anrufbeantworter gesprochen, daß es heute später wird. Die Summe der Eindrücke von den vergangenen Stunden wirft wieder, wie so oft, für einen Moment in Frau M. die Frage auf: Warum? Warum gerade ich? Wozu das alles?

Frau S. erzählt: Michael

Das erste Kind war eine reine Freude und stellte an uns, die Eltern, keine größeren Anforderungen. Das Pflegekind, eine Nichte, ebensowenig. Bei Michael hingegen war kein Lächeln selbstverständlich. Die ersten drei Jahre forderte er eine ca. zwanzigstündige Präsenz. Er erwachte nie, ohne zu weinen, oftmals bis zu sieben Stunden ohne Unterbrechung. Ihm nicht wirklich helfen zu können, war eine Qual. Die Ärzte hatten nicht den Mut, zu ihren eigenen Fragen zu stehen, und verschrieben Michael oft Antibiotika und später mir, der Mutter, Beruhigungsmittel. Michael hatte oft über 40°C Fieber und benötigte auch nachts vollste Aufmerksamkeit. Bei seinem ersten Spitalaufenthalt nach zehn Tagen mit über 40°C Fieber wagte endlich ein junger Assistenzarzt, mich auf die Schwere der Behinderung anzusprechen und mich zu fragen, wieviel Hilfe ich zu Hause für die Pflege und Betreuung hätte, denn schon hier waren drei Schwestern überfordert. So schwierig es war, die Antwort auf viele, oft gestellte Fragen zu erhalten, war es doch eine Riesenentlastung, darüber sprechen zu können. Ich konnte mit weniger schlechtem Gewissen beginnen, mich nach Hilfe für unser Kind umzusehen, und verzweifelte nicht mehr gleich an meinem Unvermögen.

Mit dreieinhalb Jahren brachten wir Michael für acht Wochen zur stationären Frühförderung in ein Heim für Kleinkinder. Beim ersten Besuch nach drei Wochen – dies gehörte zum Konzept des Heimes – erkannte mich Michael nicht mehr.

Da wußte ich auf einmal, daß Michael aufmerksame, liebevolle Betreuung braucht, die aber nicht unbedingt von mir allein zu leisten war. Nach ungefähr einer Stunde wechselte er regelmäßig vom Schoß seiner Betreuerin zu mir und wieder zurück. Für mich war es eine Entlastung, daß ein zweiter Mensch Zugang zu Michael gefunden hatte. Zum Vater war dieser Zugang noch nicht möglich. Michael lernte im Heim nachts durchzuschlafen und zum ersten Mal selbst etwas in den Mund zu nehmen. Ihn im Wohnzimmer zu finden, mit einer geöffneten Büchse Schokoladenplätzchen, er und der Teppich total verschmiert, war reine, helle Freude. Bedeutete dies doch, Michael nicht mehr mit Zwang füttern zu müssen.

Essen blieb aber noch für lange Zeit eine sehr schwierige Aufgabe. Meine Absicht war, Michael zu vermitteln, daß Essen etwas Lustvolles ist. Dazu mußte ich alle Tischregeln über Bord werfen. Dies verlangte von unserem älteren Sohn viel Toleranz und Verständnis, da diese neue Art zu essen für ihn ja nicht galt. Sobald ich die Kraft fand, meine Aufmerksamkeit wieder vermehrt meinem älteren Sohn zuzuwenden, gab dieser mir viele Hinweise, wie ich ihn in der schwierigen Aufgabe als Bruder begleiten konnte. Häufig saß ich beim Essen oder Spielen, auf dem einen Knie den einen Sohn, auf dem andern Knie den anderen. Ich erklärte oft, daß ich deshalb zwei Knie hätte.

Michael lief in dieser Phase beim Essen in der ganzen Wohnung herum und holte sich Bissen um Bissen im Vorbeigehen, aber mit Interesse und Freude an der Auswahl der Speisen. In der zweiten Phase begann er mit uns am Tisch zu essen und machte seine Runden nach einem Teil der Mahlzeit. Immer noch durfte man während des Essens keine Speisen, die ihm auf den Eßplatz oder die Hose gefallen waren, aufnehmen, sonst stieß er mit einer heftigen, ruckartigen Bewegung alles für ihn Erreichbare in Sekundenschnelle vom Tisch. Essen bedeutete also noch eine so große Konzentration und Anstrengung, daß keine Störung von außen Platz hatte, sonst war es mit dem Essen vorbei. Zum Trinken akzeptierte Michael nur Kakao und Himbeersirup.

Den verschiedenen Zwängen von Michael zu begegnen stellte und stellt immer noch sehr hohe Anforderungen an alle Begleitpersonen. In den ersten Jahren waren Michael und ich so eng verbunden, daß alle seine Handlungen, vor allem die gegenüber anderen Menschen, eigentlich meine Handlungen waren und die Reaktionen der Menschen mich direkt, zuinnerst betrafen. Ich erachtete es auch als meine Pflicht, mich schützend vor mein Kind zu stellen.

Das Schwierige war, daß die Zwänge anscheinend unmotiviert ausbrachen, vergingen und von neuen abgelöst wurden.

Beispiele:
- Alles in kleinste Stücke zerreißen, was in seiner Reichweite war oder durch gefährliche Kletteraktionen erreichbar wurde – in einer Stunde bis zu zwanzig Kinderbücher mitsamt Umschlägen.
- In Windeseile alle Schubladen ausräumen
- Sich mitten auf die Straße setzen
- Beim Einkaufen kleinere Kinder an den Haaren ziehen oder ihnen den Schnuller aus dem Mund ziehen.
- Dosen oder Lebensmittel von den Gestellen auf den Boden werfen

- Erwachsene an den Haaren ziehen oder sie schlagen
- In Cafés fremden Menschen beim Vorbeigehen mit der flachen Hand mitten in den Teller langen, bevorzugt in Spiegeleier, Sahne oder Mayonnaise
- Der Serviererin das Tablett von der Hand stoßen
- Dem Bruder regelmäßig über ein paar Wochen das Trinken ausleeren und den vollen Teller umkehren

Ich habe vieles ausprobiert, auch etliche Fachleute gefragt, aber nirgends konkrete Hinweise bekommen, die grundsätzlich geholfen hätten.

Eines Morgens hatte ich die Eingebung. Ich weihte den größeren Sohn ein, der damals etwa sieben Jahre alt war. Ich erklärte ihm, ich würde heute ganz viel kochen für uns drei, damit ich ihm jedesmal, wenn Michael ihm den Teller ausleerte, einen neuen Teller mit neuer Speise füllen könnte. Wir würden am Tisch sitzen bleiben und Michael nicht beachten, egal, wie sehr wir oder der Tisch schmutzig würden oder wir vom Sirup tropften. Wir zwei Großen hatten etwas Spezielles vor. Ich nahm die große Pfanne zum Kochen, legte frische Kleider bereit, und es konnte losgehen.

Kaum waren die Teller gefüllt, begann das Geschehen seinen Lauf zu nehmen. Schwups war der Teller umgekehrt, der Sirup lief über Tisch und Hosenbeine zu Boden. Keine Reaktion – die Unterhaltung wurde nicht unterbrochen. Michael stand triefend und ganz und gar mit Speise bekleckert auf, ging ins Wohnzimmer über Teppiche, die Treppe hinauf in sein Zimmer. Ich war ganz ruhig, putzte das Allernötigste, füllte die Teller neu, und wir aßen ruhig und sprachen miteinander. Nach einiger Zeit kam Michael zurück, setzte sich an den Tisch und aß.

Der Zwang war vorbei und trat nicht wieder auf!

Die Einschulung in die Heilpädagogische Tagesschule gestaltete sich sehr schwierig. Frühstück – Medikamente gegen

Epilepsie einnehmen – Schulbus – der Kindergarten mit seinen Strukturen – Bus – nachmittags zu Hause. Diese Wechsel brachten höchste Verunsicherung und damit Verweigerung der Mitarbeit. Drei Jahre lang versuchten wir mit aller uns zur Verfügung stehenden Phantasie die Integration zu erreichen. Es war nicht möglich. Mein Hausarzt riet mir dringend, Michael in eine interne Schule zu geben, als Entlastung für die Familie, aber auch zum Wohle von Michael. Sechs Monate rangen wir mit uns, bis wir Michael in einem Heim, drei Häuser von uns entfernt, anmeldeten, wo ich in Teilzeit im Büro tätig war. Erster Samstagnachmittag: Ein fröhlicher Michael kam zurück. Erstes Wochenende: Das Neue war interessant. Zwei Wochen Urlaub im Heim: Der erste Freund war gefunden. Leider verlief der Aufenthalt im Heim dann nicht gleichbleibend positiv. Ich hatte noch viel zu lernen.

Zu Beginn versuchte ich überall Verständnis für Michael zu wecken, wollte überall Hilfe anbieten. Ich versuchte immer wieder, aufkommende Wellen des Unmuts zu glätten, bis ich erkannte: Michael holt sich die Widerstände, die er zu seinem sozialen und geistigen Wachstum braucht, und ich darf sie ihm nicht wegnehmen!

Wir erlebten eine bewegte Zeit mit Fort- und Rückschritten, mit Fieberschüben, mit Fragen, Fragen, Fragen …

Antibiotika konnten ja nicht die Lösung sein! Endlich lernte ich einen anthroposophischen Arzt kennen, der zum Leitungsteam des Kinderheimes gehörte. Ihm waren viele meiner Fragen nicht fremd, und er machte uns mit der anthroposophischen Medizin bekannt. Erste Sonnenstrahlen begannen meine dunkle Seele zu erhellen und zu erwärmen. Periodisch holte ich mir bei diesem Arzt Rat. Mit dem neuen Zwang von Michael umzugehen, vor allem seit der Pubertät, war und ist immer noch sehr schwierig. Fühlt er sich unwohl oder existieren irgendwo feinste seelische Mißstimmungen, kratzt er seinen Nachbarn massiv oder verfängt sich in dessen Haaren. Dies löst viele Ängste, Ablehnung und Leid aus – macht andererseits aber auch notwendig, daß sich das jeweilige Umfeld von Michael um einen Tisch zusammensetzen muß, um nach Lösungen zu suchen. Michael wird durch seine Verhaltensweise oft zum Einzelgänger – verbindet aber viele Menschen, die sonst nicht unbedingt viel miteinander zu tun hätten.

1989 begann ich mich intensiv mit der anthroposophischen Geisteswissenschaft zu befassen. Neue Horizonte eröffneten sich mir, und endlich, mit dem Gedanken der Reinkarnation, begann die Behinderung von Michael einen ganz anderen Sinn zu bekommen. Ich konnte wieder anfangen, unser Leben mit zu gestalten, und es wurde nicht mehr durch die häufigen Schwierigkeiten von Michael und seinem Umfeld bestimmt.

Michael lebt mit seinen 22 Jahren heute in einem Kleinheim für erwachsene Menschen. Nichts ist einfach gelöst! Immer wieder sitzen wir mit neuen Menschen an einem Tisch und suchen nach Lösungen.

Das Strahlen von Michael, wenn wir auf dem richtigen Weg sind, hilft uns immer wieder, auch schwierigere Zeiten durchzutragen.

Wie hat sich mein Leben durch das Begleiten von Michael geändert – was waren die wichtigsten Fortschritte?

– Nichts ist einfach klar. Das Leben ist in Bewegung und verändert sich immer wieder ein wenig durch jede wesentliche Frage, auch wenn ich nur Teilantworten erhalte.

– Michael ist eine eigenständige Persönlichkeit, die verschiedene Personen auf ihrem Weg als Begleitung wünscht und braucht. Vater, Mutter und Bruder gehören bestimmt dazu.

– Energie und Kraft reichen nicht ewig, wenn ich nicht bewußt durch Eigenaktivität Aufbau leiste, durch kreatives und künstlerisches Schaffen.

– Neue Gedanken begeistern mich immer wieder und erwekken neue Ideale und Lebensziele, die oft über dunkle Momente und Abgründe hinweg tragen helfen.

- Von jedem Menschen und aus jeder Begegnung kann ich etwas lernen.
- Die Bemühung und der Versuch, den guten, wesentlichen Kern eines jeden Menschen zu suchen und lieben zu lernen, bereichert mein Leben.
- Erst die Vielfalt und Andersartigkeit von Natur und Mensch macht das Leben so reich und lebenswert.
- Durch Liebe und Interesse für das Kind erlangen Eltern große Kompetenzen und Fähigkeiten, ihr behindertes Kind zu begleiten, selbstverständlich mit der Offenheit, Gedanken und Anregungen der Fachwelt mit einzubeziehen.

Krise und Chaos

Das endgültige Wissen um die Tatsache, daß das eigene Kind eine Behinderung hat, bringt den Schmerz. Der Schmerz wird von vielen Eltern als etwas Aushöhlendes beschrieben, er bringt ein Gefühl der Ohnmacht mit sich und wirkt lähmend. Zum Schmerz gehört oft die Angst vor der Zukunft, für das Kind, die Geschwister, die Eltern. Der Schmerz birgt Trauer in sich, den Abschied von dem Wunsch, der Vorstellung, ein gesundes Kind zu haben. Manche Eltern berichten, wie sie vom Mitleid für ihr Kind übermächtig ergriffen werden. Andere erleben Ablehnung gegenüber ihrem Kind, Wut und Verzweiflung. Mütter und Väter erleben die Behinderung ihres

Kindes manchmal wie eine Blockade für ihr eigenes Leben. Der meistenteils intensive Aufwand, den das Kind benötigt, wird als ein Zwang, als eine Last beschrieben. Die erzwungene Selbstlosigkeit konfrontiert den Menschen mit seinen dunkelsten Seelenschichten. Das wird von vielen mit Erschrecken festgestellt, und eine Konfliktmühle tut sich auf: Was empfinde ich da und was sollte ich eigentlich erfüllen aus der Notwendigkeit heraus, gemäß meinem eigenen moralischen Anspruch und der Erwartung meiner Umgebung?

Immer ist die Behinderung des Kindes ein tiefer Einschnitt in das Leben der Eltern. Das Gefühlsleben verliert sich im Chaos, das Denken vermag – vor allem im Anfang – die Situation nicht ordnend zu klären, zu durchschauen. Das Handeln orientiert sich an äußeren Notwendigkeiten; das Gefühl, die Freiheit verloren zu haben, wird dominierend. Mütter berichten von Suizidgedanken in dieser Phase, für viele Väter bedeutet ihre Arbeit eine Möglichkeit, sich ablenken, manchmal auch flüchten zu können.

Hinzu kommt die Haltung der Mitmenschen, das Ignorieren oder ihre Anteilnahme am Schicksal des Kindes und seiner Eltern, zum Beispiel der vielsagende Blick in den Kinderwagen. Eine Mutter sprach einmal über das «tödliche Mitleid» in ihrer Umgebung oder die «Daß-nicht-sein-kann-was-nicht-sein-darf»-Haltung, die die Behinderung bagatellisiert.

Das Kind führt allein durch seine Existenz in vielen Fällen die Eltern an einen Nullpunkt, es entsteht eine «Nadelöhrsituation», in der die Eltern Begleitung brauchten. Oft geht die Beratung nicht über kindzentrierte Ratschläge hinaus, und die Eltern sind allein mit ihrem Gefühl der Ausweglosigkeit.

Die Bewältigung der Krise und die Überwindung der Ohnmacht, der Schritt, Ordnung ins Chaos zu bringen, Perspektiven zu entwickeln und initiativ zu werden – das sind Vorgänge, die nicht linear vorzustellen sind. Fortschritte beinhalten

Rückschläge, Entwicklung verläuft in Auf- und Abwärtsbewegungen, nicht gerade ansteigend.

Wichtig ist, daß überhaupt Bewegung in die Krise kommt. Einen Anstoß dazu – den stärksten – gibt das Kind. Durch sein Dasein entstehen Fragen.

Wie finden wir die richtige Therapie für unser Kind? Wie können wir im Umgang mit dem Kind Sicherheit bekommen? Versäumen wir auch nichts? Oft quält in den ersten Lebensjahren die Frage: Kann unser Kind nicht eines Tages doch noch «normal» werden? Welche Zukunft hat es?

In vielen Gesprächen wird die Trauer und Enttäuschung der Eltern darüber, wie defektorientiert ihr Kind teilweise auch von Fachleuten beurteilt wird, deutlich. Der Streß, das Kind nun so weit wie möglich normalisieren zu wollen, setzt ein. Spätestens hier wünscht man den Eltern die Begegnung mit einem Arzt, Therapeuten, Lehrer oder mit anderen Eltern, die aus eigener Erfahrung sagen können: Lassen Sie sich nicht unter Druck setzen wegen des Normalitätsdenkens. Sie brauchen keinen Streß zu entwickeln, weil Ihr Kind dieses oder jenes nicht oder noch nicht kann. Ihr Streß, Ihre Angst, Ihre Beklemmung und Sorge wird sich voll und ganz auf Ihr Kind übertragen. Ihr Kind ist anders als andere und darf auch anders sein. Normalität anzustreben heißt auch, normieren zu wollen, und das ist furchtbar. – Es gibt nichts Langweiligeres als eine Ansammlung von sogenannt normalen Menschen. Wie geht einem das Herz auf, wenn man da einem Individualisten begegnet, der das lebt, was er ist!

Selbstverständlich werden Eltern auch therapeutisch alles in ihrer Macht Stehende unternehmen, um dem Kind zu helfen.

Wenn sie es schaffen, dies mit einer inneren Haltung zu begleiten, die die Behinderung, das Anderssein ihres Kindes zuläßt, wenn sie sich dahin entwickelt haben und nicht mehr verzweifeln über das Unvermögen, dann haben sie dem Kind eine Basis geschaffen, auf der immer Perspektiven gesehen werden können. Solch eine Haltung ist schicksalbejahend und freilassend. Das Kind darf mit einem «Recht auf die Behinderung» (Müller-Wiedemann)[2] durchs Leben gehen.

Wir erleben in den vergangenen Jahren zunehmend eine Ächtung dieses Rechtes auf Behinderung – ich denke dabei an die Diskussion über die pränatale Diagnostik und die Genmanipulation bei Menschen mit Behinderung. Hier ist Initiative gefordert. Initiativ sein ist ein Ansatz, mit der Krise umgehen zu lernen.

Für einen Moment der Besinnung:

Wer vom Ziel nicht weiß,
kann den Weg nicht haben,
wird im selben Kreis
all sein Leben traben;
kommt am Ende hin,
wo er hergerückt,
hat der Menge Sinn
nur noch mehr zerstückt.

Wer vom Ziel nichts kennt,
kann's doch heut erfahren;
wenn es ihn nur brennt
nach dem Göttlich-Wahren;
wenn in Eitelkeit
er nicht ganz versunken
und vom Wein der Zeit
nicht bis oben trunken.

Denn zu fragen ist
nach den stillen Dingen,
und zu wagen ist,
will man Licht erringen:
Wer nicht suchen kann,
wie nur je ein Freier,
bleibt im Trugesbann
siebenfacher Schleier.

Christian Morgenstern

Wie soll es weitergehen?

Viele Eltern erleben die Orientierungsphase als besonders schwer. Denn es zeichnet sich durchaus nicht immer klar ab, welcher Weg für das einzelne Kind der beste ist. Fragen, Unsicherheiten, Zweifel, Ratlosigkeit bestimmen die Situation.

Ich will versuchen zu beschreiben, wie man sich selbst ein Urteil bilden kann.

Oft wird die Ansicht verschiedener Fachleute eingeholt. Die medizinische Diagnose ist in der Regel eindeutig, aber hinsichtlich des therapeutischen Vorgehens werden nicht selten unterschiedliche Empfehlungen ausgesprochen. Dann beginnt das Abwägen, Abspüren.

Ist zum Beispiel diese spezielle krankengymnastische Behandlung, die uns dringend nahegelegt wurde, unbedingt erforderlich, oder kann man sich für eine andere Methode entscheiden, was von anderer Seite auch als durchaus sinnvoll empfohlen wurde? Was aber, wenn man sich nun für eine sanftere Methode entscheidet und sich später fragen muß, ob die zuerst angeratene Therapie nicht doch besser gewesen wäre?

Manchmal fühlen sich Eltern von Fachleuten unter Druck gesetzt und erleben sich in einem furchtbaren Spannungsfeld zwischen dem gegebenen Rat, der verstandesmäßig vielleicht nachvollziehbar ist, und dem eigenen Gefühl, das sich dagegen ausspricht.

Henning Köhler hat zu dieser Frage in seinem Buch *«Schwierige» Kinder gibt es nicht*[3] wesentliche Einsichten formuliert, die ich hier anführen möchte: «Aus der allgemeinen Geringschätzung ‹nur elterlicher› Kompetenz ist längst eine Selbstgeringschätzung großer Teile der Betroffenen geworden. Dies führt notgedrungen zu Unsicherheiten und erzieherischen Fehlhaltungen aus Unzulänglichkeitsgefühlen, was wiederum die Pädagokratie zu legitimieren scheint.

Wie kann dieser Teufelskreis durchbrochen werden?

Es mag für den unvorbereiteten Leser abwegig klingen, wenn ich sage: Die Eltern müssen sich wieder der Würde ihres Elternseins bewußt werden, indem sie sich mit dem Gedanken vertraut machen, daß ein Kind nicht zufällig in dieses oder jenes Haus purzelt, sondern sich *den* Eltern überantwortet, die es *gewählt* hat.»

(Auf die Wahl der Eltern durch das Kind werde ich im Kapitel «Die vorgeburtliche Welt» noch zu sprechen kommen. *D.Sch.*)

«So gesehen sind Mütter und Väter unanfechtbar die primären Erziehungsverantwortlichen und (der Möglichkeit nach) qualifiziertesten Lebensbegleiter für *ihre* Kinder und sollten nur das Urteil derjenigen Erziehungs*mit*verantwortlichen oder beratend Hinzugezogenen akzeptieren, die ihnen dieses Privileg zugestehen.»

Für die Orientierungsphase halte ich folgende Erfahrungen für wesentlich, die zu einer eigenen Urteilsbildung und dem Erwerb von größerer Sicherheit gegenüber dem Kind und der «Fachwelt» beitragen können. Dazu muß man sich im klaren darüber sein, daß es bei jeder Entwicklungsstörung oder Behinderung zwei große diagnostische Aspekte gibt:

Der eine ist der medizinische, er bezieht sich im klassischen Sinne allein auf den physischen Leib. Eine möglichst exakte Diagnose ist in jedem Fall anzustreben, wobei darauf geachtet werden sollte, inwieweit diese oder jene vorgeschlagene zusätzliche Untersuchung noch eine Bedeutung für die therapeutische Behandlung des Kindes hat oder mehr wissenschaftlich-statistischen Zwecken dient. – Die Medizin versucht, allgemein gesagt, den physischen Leib durch Medikamente und verschiedene Anwendungen so zu beeinflussen, daß er ein besserer Träger oder ein geeigneteres Instrument für die Individualität werden kann.

Der andere Aspekt ist der heilpädagogische. Hier geht es um die Frage, wie das Zusammenwirken des seelisch-geistigen Wesens mit dem Physischen geschieht. Die Aufgabe besteht nun darin, heilpädagogische Übungen und Methoden, individuell ausgerichtet, so an das Kind heranzubringen, daß es in seinem seelisch-geistigen Wesen impulsiert wird, sich zunehmend mit den Hindernissen auseinanderzusetzen, die der Leib durch seine Krankheit oder sonstigen Störungen der Inbesitznahme, also der Inkarnation entgegenstellt.

Schaut man nur auf den physischen Leib des Menschen, so kann eine medizinische Diagnose erst einmal hoffnungslos aussehen. Diese Hoffnungslosigkeit wird von Eltern immer wieder beschrieben wie ein endgültiges Urteil, mit dem man sich abzufinden hat. Sie bewirkt Lähmung, Resignation und Stillstand. Das Kind wird, vor allem wenn es eine schwere Behinderung hat, auf seine Diagnose reduziert; dabei wartet es auf Licht, das ihm das Dunkel seines Leibes erhellt und zugänglich macht. Das Licht muß aus der Umgebung kommen, in die es hineingeboren wurde. Wenn Eltern nachvollziehen können, daß das Kind mehr ist als sein Leib und daß dieses Unsichtbare darauf wartet, erkannt und gefördert zu werden, um später zunehmend als Entfaltung einer Persönlichkeit in Erscheinung treten zu können, dann glimmt ein Hoffnungsschimmer auf, der sich allmählich mit Perspektiven verbindet und den Mut zur Tat entfacht. Der Gedanke, daß das Kind eine geistige Individualität ist, die ihre sogenannte Behinderung als Verhinderung erlebt, wenn wir nicht handeln, kann zu einer konkreten Orientierungshilfe werden.

Dann spielt bei der Wahl einer Therapie immer auch die Frage eine Rolle: Inwieweit wird das Wesen unseres Kindes, wird seine seelisch-geistige Individualität durch diese Therapie angesprochen und miteinbezogen? Wesentlich dabei ist, wer die Therapie durchführt und wie sich die Zusammenarbeit mit den Eltern gestaltet. Ich bin überzeugt davon, daß jedes Kind, und sei seine Behinderung noch so schwer, ganz genau abspürt, mit welcher inneren Haltung ihm ein Mensch gegenübertritt. Dadurch, daß es nicht so fest in seinem Leib verankert ist, lebt es mit seinen seelischen «Fühlfäden» noch stark in der Peripherie und damit auch in der Ausstrahlung oder seelischen Atmosphäre der anderen Menschen. Dabei kommt es nicht auf begriffliches Verstehen an; die hier gemeinte Wahrnehmungsqualität ist tiefer, wesentlicher und unmittelbarer.

Ein weiterer Aspekt der Orientierung ist schwerer zu erfassen als die bisherigen. Hier ist die Fähigkeit gefragt, uns in das Kind hineinzuempfinden und nachvollziehen zu können, wie es sich fühlt in einer Therapie und gegenüber dem Menschen, der sie durchführt. Zum einen zeigt das Kind natürlich durch sein Verhalten, wie es sich in einer therapeutischen Situation fühlt: zufrieden, freudig, traurig, zornig, apathisch, aktiv oder widerwillig. Manchmal können wir erleben, daß es die Angebote zwar aufgreift, aber innerlich unbeteiligt mitmacht.

Für die Orientierung kann es hilfreich sein, sich außerdem folgende Fragen zu stellen: In welchem Zustand ist das Kind nach einer Therapiestunde? Ist es warm, erleben wir es als harmonisch, impulsiert, besser «bei sich» oder als kalt, weinerlich, fahrig, erschöpft und überfordert? Wie geht es uns Eltern dabei? Haben wir das Gefühl, mit dem Kind auf dem richtigen Weg zu sein oder nicht? Was gefällt oder mißfällt uns? Können wir unbefangen unsere Fragen stellen, Beobachtungen erzählen, kurz, fühlen wir uns als Eltern wahrgenommen und spüren wir eine Bereitschaft zum Dialog? Erleben wir die Begegnung mit der Therapeutin oder dem Therapeuten auf zwei Ebenen: unten stehen wir, fragend, Hilfe erbittend, oben sie oder er, wissend, ratend, aber vielleicht unnahbar? Kann eine gemeinsame Ebene erreicht werden? Erleben wir nur uns als Lernende, oder dürfen wir davon ausgehen, daß das Selbstverständnis des helfenden Menschen so ist, daß auch er bei jedem Kind, das zu ihm kommt, etwas dazulernen kann? Kann er uns als Eltern Kompetenz zugestehen beziehungsweise an deren Erwerb mitwirken?

Immer ist die therapeutische Technik oder Methode nur die eine Seite, sie muß beherrscht und gekonnt werden, hier ist das Erleben von Sicherheit des Fachmenschen wichtig.

Die andere Seite ist das «Wie»: Routine, Massenabfertigung, Pauschalisierung oder Interesse, individuelle Anteilnahme und Lernbereitschaft. Hier bietet das Erleben von sozialer Kompetenz die andere notwendige Hälfte für eine gemeinsame Arbeit.

Und schließlich: Entsteht zwischen uns und dem helfenden Menschen ein Raum für das Kind, in dem Gesundungskräfte wirken können auf der Grundlage gegenseitigen Verstehens, der Menschlichkeit, Wärme und übereinstimmender Vorgehensweise? Je mehr diese Faktoren erfüllt werden können, desto effektiver wird sich die Therapie auswirken.

Handeln

Ein Kind mit Behinderung zu haben bedeutet meistens auch, sehr viel Kraft und Zeit zur Bewältigung des Alltags aufbringen zu müssen. In der Regel sind es die Mütter, die sich eigentlich verdoppeln oder verdreifachen können müßten, um den vielen Ansprüchen, die an sie gestellt sind, gerecht zu werden. Die Geschwisterkinder fordern ihr Recht: Hausaufgabenbetreuung, Elternabend, Zahnarztbesuch, Geburtstagsfeier – alles muß geleistet werden.

Dazwischen liegen ständig Termine, die mit dem behinderten Kind wahrgenommen werden müssen. Besteht eine Körperbehinderung, bedeutet das zusätzlich enormen Kraftaufwand für die Mutter. Rein ins Auto, raus aus dem Auto, anziehen, ausziehen, saubermachen, tausend Handgriffe nebenher, Streß, ja nicht zu spät nach Hause zu kommen, sonst wird die Große ärgerlich, wenn die Eltern nicht bei ihrer Schultheateraufführung dabei sind. Bleibt zu hoffen, daß der Vater nicht auch noch besondere Ansprüche hat, sondern den ihm möglichen Arbeitsanteil selbstverständlich übernimmt.

Immer wieder beschreiben Mütter diesen Zwang, den täglichen Pflichtkatalog zu erfüllen, als Berg oder Mauer, gegen die man nicht ankommt. Das Gefühl, alles wird zu viel, ich kann es nicht mehr bewältigen, kann plötzlich panikartig auftreten oder, wenn es chronisch wird, aushöhlend und verzehrend wirken. Die Lebensfreude schwindet, die Kräfte nehmen ab, alles färbt sich grau in grau. Routine erfüllt den Alltag, und die Seele bleibt auf der Strecke. Partnerschaftsprobleme, die in einer solchen Situation den geeigneten Nährboden finden, dazu das schlechte Gewissen gegenüber den anderen Kindern, die sich vielleicht gegenüber dem behinderten Kind benachteiligt fühlen, können das Leben zum Alptraum machen.

Die Überforderung hat sicher viele verschiedene Gründe. Großes Gewicht hat meines Erachtens der Anspruch, den die Gesellschaft stillschweigend an die Mutter stellt. Wer diese Erwartungen nicht erfüllt, läuft Gefahr, als «Rabenmutter» diskriminiert zu werden.[4] Damit einher geht der eigene Anspruch an sich selbst, alles tun zu wollen, was dem Kind dient. Der Streß, der dadurch entsteht, kann auf Dauer nicht ertragen werden, und nicht nur die Mutter, sondern die ganze Familie leidet darunter. Die Bewältigung des Alltags unter diesen

Vorzeichen bedeutet, nur noch zu reagieren oder zu funktionieren. Spätestens dann besteht Handlungsbedarf. Handeln heißt hier wieder initiativ zu werden, aus eigenem Antrieb heraus und eventuell mit Hilfe anderer die Situation zu verändern. Natürlich ist das leichter gesagt als getan, aber Möglichkeiten der Veränderung gibt es immer. Wenn die äußeren Verhältnisse vielleicht erst einmal genauso bestehen bleiben müssen, kann dennoch innerlich an einer Wandlung gearbeitet werden. Folgende Fragen können bei der Klärung helfen und die Richtung weisen:

- Wann hat sich meine Lebenssituation verselbständigt, so daß ich nur noch reagieren konnte?
- Was möchte ich anders haben? Welche Hilfen – finanzielle, praktische – sind dafür notwendig?
- Wie kann ich mich wieder finden? Wie kann ich meine Lebenssituation so gestalten, daß ich mich wieder mehr mit ihr identifizieren kann?
- Wie schaffe ich mir in Zukunft Freiräume, in denen ich mich erholen, körperlich, seelisch und geistig aufbauen kann?
- Wie erlebe ich mein Kind, das eine Behinderung hat? Habe ich mich schon mit allen Fragen, die es betreffen, genügend auseinandergesetzt, oder flüchte ich mich vielleicht auch deshalb in die Arbeit, um zum Beispiel mit Sinnfragen oder Zukunftsfragen nicht konfrontiert zu werden?
- Wie realistisch sind die Ansprüche, die ich in bezug auf meine Liebe, Zuwendung, Pflege, Förderung für mein behindertes Kind an mich stelle?
- Wo erlebe ich aus der Umwelt – von Verwandten, Bekannten, Ärzten oder Therapeuten – Erwartungen, die ich glaube erfüllen zu müssen? Warum muß ich sie erfüllen? Habe ich Schuldgefühle – welche und warum?
- Wie erlebe ich meinen Partner oder meine Partnerin in un-

serer Lebenssituation? Können wir miteinander reden? Wie schaffen wir uns wieder Raum für eine intensivere gegenseitige Wahrnehmung?

- Wie geht es den anderen Kindern mit uns Eltern und dem behinderten Geschwisterkind?
- Was soll ich aus den Erfahrungen, die ich gemacht habe, lernen?
- Wie kann konkret der erste Schritt einer Aktion aussehen, als Gegenwirkung zur bisher ständigen Reaktion?

Mit diesen Fragen kommen wir an unsere Biographie heran und spüren die Aufforderung, zu klären, Ordnung zu schaffen und – vor allem – Perspektiven zu entwickeln.

Für einen Moment der Besinnung:

Stufen
Wie jede Blüte welkt und jede Jugend
Dem Alter weicht, blüht jede Lebensstufe,
Blüht jede Weisheit auch und jede Tugend
Zu ihrer Zeit und darf nicht ewig dauern.
Es muß das Herz bei jedem Lebensrufe
Bereit zum Abschied sein und Neubeginne,
Um sich in Tapferkeit und ohne Trauern
In andre, neue Bindungen zu geben.
Und jedem Anfang wohnt ein Zauber inne,
der uns beschützt und der uns hilft, zu leben.

Wir sollen heiter Raum um Raum durchschreiten,
An keinem wie an einer Heimat hängen,
Der Weltgeist will nicht fesseln uns und engen,
Er will uns Stuf' um Stufe heben, weiten.
Kaum sind wir heimisch einem Lebenskreise
Und traulich eingewohnt, so droht Erschlaffen,
Nur wer bereit zu Aufbruch ist und Reise,
Mag lähmender Gewöhnung sich entraffen.

Es wird vielleicht auch noch die Todesstunde
Uns neuen Räumen jung entgegen senden,
Des Lebens Ruf an uns wird niemals enden ...
Wohlan denn, Herz, nimm Abschied und gesunde!

Hermann Hesse

34

Einsicht suchen in die Biographie

Für die Auseinandersetzung mit persönlichen biographischen Themen ist es hilfreich, etwas über die allgemeine menschliche Entwicklung zu wissen.

In den folgenden Ausführungen möchte ich den Bogen vom Kind bis zum alten Menschen spannen; es kann sich allerdings in unserem Rahmen nur um eine erste Übersicht handeln.

Dem menschlichen Leben liegen zeitliche Strukturierungen zugrunde, die als Entwicklungsphasen in Erscheinung treten. Diese Phasen wirken in allen Biographien, ihre Ausgestaltung aber ist jedesmal individuell. Man kann eine Biographie unter der Gesetzmäßigkeit von Sieben-Jahresrhythmen anschauen, wobei jedes Jahrsiebt seinen eigenen Entwicklungsschwerpunkt hat. Unter diesem Aspekt ist die Biographie nicht ein Sammelsurium von Ereignissen, die den Menschen wahllos treffen, sondern der Lebenslauf wird transparent, seine Phänomene drücken eine Schicksalssprache aus. Es kommt darauf an, diese zu erkennen, um das Leben, besonders in seinen Schwierigkeiten, ergreifen und an der Auseinandersetzung mit den Widerständen wachsen zu können.

Letztendlich wird in der sogenannten Biographiearbeit immer der werdende Mensch angesprochen, der Blick auf das bisherige Leben und das möglichst genaue Erfassen der gegenwärtigen Situation soll Erkenntnis bringen für das weitere Vorgehen.

In den Entwicklungsrhythmen tauchen zu bestimmten Zeiten typische Krisenmomente auf – wenn man sie kennt, lassen sich schwierige Zeiten besser durchstehen. Es handelt sich um die sogenannten Mondknoten. Ein Mondknoten ist die Wiederholung derjenigen Konstellation von Erde, Mond und Sonne, die bei der Geburt gegeben war; astronomisch berechnet tritt sie jeweils genau nach 18 Jahren, 218 Tagen, 21 Stunden und 22 Minuten ein. Jede Mondknoten-Zeit bringt ihre typische Problematik mit sich. Immer liegt ihr zugrunde, daß man an diesen Lebensstationen besonders offen und sensibel wird für die eigentlichen Impulse, mit denen man dieses Leben angetreten hat.

Die ersten Lebensjahre sind geprägt vom Aufbau und der Ausgestaltung des physischen Leibes. Durch Nachahmung lebt sich das Kind allmählich in die physische Welt ein. Es lernt gehen, sprechen und denken. Im dritten Lebensjahr, oft auch schon früher, tritt der besondere Moment ein, wo es zum ersten Mal «ich» zu sich sagt und von da an die Welt abgegrenzt von sich erleben kann.

Um das siebte Lebensjahr herum ist es in seiner Entwicklung so weit, daß die Leibgestaltungskräfte nun ihre Verwandlung erfahren und als Denkkräfte verwendet werden können. Das Kind ist schulreif. Überlegungen, das Schuleintrittsalter immer weiter herunterzusetzen, widersprechen der menschlichen Entwicklung. Eine zu frühe Beanspruchung der Denkkräfte birgt die Gefahr einer Schwächung und Verhärtung des Organismus, da dessen Aufbau noch nicht abgeschlossen ist.

Mit der Schulreife tritt der Mensch in sein zweites Jahrsiebt ein. Neben den Eltern wird die Lehrerin oder der Lehrer für das Kind bedeutend. Sein Lebensumfeld erweitert sich. Es will nun lernen, etwas über die Welt erfahren. Im Idealfall hat es Menschen um sich, zu denen es freudig aufblickt und an die es als positiv prägende Persönlichkeiten später einmal gern zurückdenkt. Mit etwa 9 1/3 Jahren tritt ein markanter Entwicklungsmoment ein. Das Kind erlebt Einsamkeitsgefühle, bisher Gewohntes, Selbstverständliches wird ihm fraglich: «Seid ihr wirklich meine richtigen Eltern?» Ab dieser Zeit beginnt sich die Individualität des Kindes ein Stück deutlicher zu zeigen. Mit etwa zwölf Jahren tritt das Kind in die Vorpubertät beziehungsweise Pubertät ein, und mehr oder weniger deutlich keimen die ersten Themen auf, die für die kommenden Jahre Bedeutung haben werden. Freundschaften, Cliquen, Partys, aber auch spezielle Interessen werden wichtig. Mit einer Reduzierung der Pubertät auf die sexuelle Entwicklung wird man dieser Lebensphase nicht gerecht – es geht um viel mehr. Ändern wollen, sich selbst einbringen können, Aufgaben ergreifen, die Urteilsbildung schulen, sich mit Idealen verbinden, sich allmählich individualisieren und damit mündig und frei werden – das sind die Lebensthemen des dritten Jahrsiebts. An dessen Ende ist die körperliche Entwicklung abgeschlossen.

Mit 21 Jahren ist das Ich so weit in Erscheinung getreten, daß der Mensch als mündig gilt und sein Leben nun als junger Erwachsener fortsetzt. In der Biographiearbeit wird dieser Moment der Ich-Entwicklung im 21. Lebensjahr als eine Spiegelachse angesehen. Das bedeutet, daß ein Zusammenhang besteht zwischen den Jahren vor dem 21. Lebensjahr und den Jahren bis zum 42. Lebensjahr. Das, was der Mensch in seiner Kindheit und Jugend als von außen an ihn Herankommendes erlebt hat, taucht ab dem 21. Lebensjahr von innen wieder auf. So besteht beispielsweise eine Verbindung zwischen dem 14. und dem 28. oder dem 42. und dem 1. Lebensjahr. In der Zeit bis zum 42. Lebensjahr können die Erfahrungen und Erlebnisse der Kindheit und Jugend noch einmal aufgegriffen und durch die Ich-Tätigkeit verarbeitet werden. Gespräche und künstlerische Übungen, wie sie in Kursen zur Biographiearbeit angeboten werden, können dabei eine wertvolle Hilfe leisten.
So geht der Mensch in sein viertes Jahrsiebt hinein. Diese Altersphase wird geprägt durch Ausbildung oder Studium und die Orientierung darüber, was man in Angriff nehmen möchte

und wo. Heute sind viele Möglichkeiten gegeben, Lebenserfahrungen in aller Welt zu sammeln. Nach und nach kann der eigene Weg gefunden werden, das Elternhaus wird immer seltener als Zufluchtsort in Anspruch genommen. Rudolf Steiner beschreibt diese Lebensphase als Entwicklungszeit der Empfindungsseele des Menschen.[5] Goethe sprach in bezug auf dieses Alter von «himmelhoch jauchzend, zu Tode betrübt». In unserer Zeit ist der Anspruch verbreitet, «cool» zu sein, und das Zeigen von Gefühlen wird leicht als Schwäche ausgelegt. Nicht wenige Menschen manövrieren sich in berufliche Rollen hinein, die sie noch gar nicht wirklich auszufüllen vermögen. An verschiedenen Orten seine beruflichen Erfahrungen sammeln zu können gehört zu dieser Zeit; Seßhaftigkeit ergibt sich meistens mit dem folgenden Jahrsiebt zwischen dem 29. und 35. Lebensjahr.

Im Verlauf des fünften Jahrsiebts bilden sich jene seelischen Eigenschaften heraus, die Rudolf Steiner mit dem Namen Verstandes- und Gemütsseele charakterisiert hat.[6] Der Mensch ist in diesem Alter fest verbunden mit seinem Leib und arbeitet stark an seiner beruflichen Karriere. Äußere Sicherheiten werden gebildet, oft fallen in diese Lebensphase Familiengründung und Hausbau. Man etabliert sich. Ein gesunder Egoismus entfaltet sich in dieser Phase, aber auch Gesinnung, Weltanschauung und geistige Richtung prägen sich aus. – Interessant ist, daß einhergehend mit diesen stark verstandesorientierten Eigenschaften nun auch Gemütsseelenkräfte entwickelt werden sollen, die nach B. C. Lievegoed «die Grundlage für die Liebe, den Glauben und die Frömmigkeit» sind.[7] Ohne die Ausbildung der Gemütsseelenkräfte verarmt die Seele, die Waagschale des Verstandes wird zu schwer, und man läuft Gefahr, nur noch auf die äußeren Dinge Wert zu legen – das Menschliche, Soziale, Offene bleibt dann auf der Strecke.

Gehen wir weiter zum sechsten Jahrsiebt, der Zeit der Lebensmitte, die in vielen Fällen um das 35. Lebensjahr herum eine Krise mit sich bringt. Die Frage nach dem bisher Erreichten taucht auf und nach dem, was man eigentlich für die Welt bedeutet. Dahinter verbirgt sich die Frage nach dem Sinn und nach der Orientierung in der zweiten Lebenshälfte. Soll es genauso weitergehen wie bisher? Eine Phase der Verunsicherung tritt ein, die mancher zu verdrängen versucht durch noch mehr Arbeit, durch Medienkonsum, Alkohol oder Drogen. Wer sich dieser Krise stellt, kann bemerken, daß er manches deutlicher sieht als früher. Neue Gedanken kommen ihm; was bisher selbstverständlich war, wird in größerem Zusammenhang hinterfragt. Zum rationalen Verstandesdenken gesellt sich das überschauende, durchdringende Bewußtsein in bezug auf sich selbst wie auf die Welt. Rudolf Steiner bezeichnet dieses Jahrsiebt zwischen 35 und 42 Jahren als Entwicklungszeit der Bewußtseinsseele.[8]

Mit 42 Jahren wird die Entwicklung der beschriebenen drei Seelenglieder Empfindungsseele, Verstandes- und Gemütsseele und Bewußtseinsseele zum Abschluß gebracht, und neue Möglichkeiten einer geistigen Entwicklung tun sich auf. Wesentlich für die nun folgende Zeit ist, daß die eigene Karriere nicht mehr so ernst genommen wird, dafür aber das Bedürfnis entsteht, anderen Menschen das eigene Können zur Verfügung zu stellen und zu vermitteln.

In diesem Alter wird der biologische Abbau spürbar und sichtbar. Gelingt es nicht, ihm ein reges inneres, geistiges Leben entgegenzusetzen, so beginnt ein Kampf gegen das Älterwerden, der sich bis in Äußerlichkeiten von Kleidung, «Outfit» und jugendliche, gerade gängige Sprachgewohnheiten hinein darstellen kann. Das Festklammern an der endgültig vergangenen Jugendzeit kann auf Außenstehende lächerlich wirken. Dahinter verbirgt sich ein biographisches Drama mit Angst und Stagnation, das sich im günstigsten Fall durch eine selbstgewollte Hilfestellung überwinden läßt.

Im folgenden Jahrsiebt von 49 bis 56 ist die Möglichkeit gegeben, zunehmend von den persönlichen Interessen so Abstand zu nehmen, daß man für andere tätig werden kann, indem man erkennt, was als Wesentliches zu tun ist. Der Einsatz für soziale Projekte, für die man seine Fähigkeiten und Erfahrungen zur Verfügung stellt, die Arbeit am Gemeinwohl, zum Beispiel in politischer Funktion, die Verwirklichung bisher gereifter moralischer Ansprüche an sich selbst – das sind charakteristische Richtungen des Tuns in diesem Lebensalter. Der Abschluß des achten Jahrsiebts fällt zusammen mit dem dritten Mondknoten, der den Menschen in diesem Alter oft mit Abschied und Tod in seiner Umgebung konfrontiert, aber auch, wie die Mondknoten zuvor, dem Ich eine Chance bietet, sich auf seine ursprünglichen biographischen Impulse beziehungsweise auf die «roten Fäden» in seinem Schicksal zu besinnen.

Die im Vergleich zu früher selbstlosere Einstellung zum Leben, die mit den frühen fünfziger Jahren einsetzt, kann in der nächsten Phase von 56 bis 63 Jahren vertieft werden. In diesem Lebensabschnitt treten durch das Nachlassen der Kräfte oder durch Krankheiten verstärkt körperliche Einschränkungen ein, die dazu führen können, daß man sich allmählich von seinem Leib distanziert und die Frage nach dem Wesentlichen stellt. Dem Abbau des Physischen durch verstärkte seelisch-geistige Arbeit zu begegnen kann jetzt als Aufforderung erlebt werden.

Wichtig für dieses neunte Jahrsiebt ist auch, allmählich im Berufsleben das Loslassen zu üben. Eine innere Vorbereitung auf den Ruhestand gehört dazu.

Mit dem zehnten Jahrsiebt – 63 bis 70 Jahre – möchte ich diesen kurzen Überblick abschließen. Für viele Menschen entsteht in diesem Alter ein Freiraum, der nach einer sinnvollen Gestaltung verlangt. Diese kann in der Unterstützung anderer Menschen liegen, privat als Großmutter oder Großvater oder auch im Sozialen. Kunst und Religion sowie die Arbeit an weiteren geistigen Inhalten verleihen dem alt werdenden Menschen seine Ausstrahlung von Güte und Weisheit. Das Akzeptierenkönnen des müde werdenden Körpers und die nun errungene seelische Haltung, daß die weiteren Lebensjahre über die siebzig hinaus als Geschenk erlebt werden, lassen die Verwirklichung eines würdigen Lebensabends zu.

Seit einigen Jahren erscheinen von verschiedenen anthroposophisch orientierten Autoren Bücher über die Biographie des Menschen. Ich persönlich habe Gabriel Prinsenberg in bezug auf biographisches Arbeiten viel zu verdanken. Seinem Buch ist auch die folgende Übung entnommen. Eine kleine Auswahl an Literatur zur Biographiearbeit findet sich in der Literaturliste.

Bestandsaufnahme

Obige Skizzierung der biographischen Themen der verschiedenen Lebensalter kann hier nur als Anregung zum eigenen vertiefenden Studium verstanden werden.

Zur Bestandsaufnahme als erstem Schritt zur möglichen Lösung mancher Probleme, die sich im Zusammenleben mit einem Kind ergeben, das eine Behinderung hat, gehören verschiedene Fragen. Eine davon ist: Woher komme ich? Diese Frage beinhaltet zunächst einmal äußere biographische Ereignisse. Wenn man sie, wie nachfolgend beschrieben, graphisch darstellt, ergibt sich ein Überblick, der Zusammenhänge sichtbar macht. – Die Übung wird von Gabriel Prinsenberg in seinem Buch beschrieben. Sie dient hier als Beispiel biographischen Arbeitens. –

Man nehme dafür ein großes Blatt Papier und zeichne darauf eine horizontale Linie, auf der durch kleine Striche in genügend großen Abständen die einzelnen Lebensjahre vom Zeitpunkt der Geburt an markiert werden. Über jedem Strich steht also eine Zahl, und nun können die jeweilig für wichtig gehaltenen äußeren Ereignisse in Stichworten untereinander notiert werden. Hat man das getan, so kann unter den Eintragungen eine weitere horizontale Linie gezeichnet werden, wieder mit der entsprechenden Jahresaufteilung. Hier kann notiert werden, welche Bedeutung die an der oberen Linie eingetragenen Ereignisse jeweils damals für mich hatten. Anhand einer dritten horizontalen Linie kann man sich eine Übersicht darüber verschaffen, was diese Ereignisse heute für mich bedeuten und ob oder wie ich an ihnen weiter arbeiten muß.

Eine eigene Jahresalterzahl fällt mit der Geburt des Kindes zusammen. Interessant ist es, darauf zu achten, was bis zu dem Geburtsjahr an Idealen, Wünschen, Werten, Zielen in einem lebte und was sich seitdem eventuell daran geändert hat. Durch die biographische Arbeit läßt sich häufig entdecken, daß man Themen mit sich durchs Leben trägt, die in den einzelnen Lebensaltern in unterschiedlichen Gewändern auftreten, im Grunde aber dieselben sind. Ein solches Thema kann zum Beispiel sein, daß man nicht in der Lage ist, klar seine Meinung zu sagen, beziehungsweise daß man ja sagt, wenn man eigentlich nein meint. Vielleicht konnte man es als Kind noch, war aber später Einflüssen ausgesetzt, die bewirkten, daß man sich anpaßte. Oft geht damit die Scheu vor Auseinandersetzungen einher; man billigt dem anderen schnell etwas zu, allein «um des lieben Friedens willen». Eine Mutter erzählte mir, daß sie diese Problematik von Kind an kannte, seit der Geburt ihres Kindes mit Behinderung aber oft in Situationen kam, wo ihr gar nichts anderes übrigblieb, als sich behaupten zu lernen. Ein solcher Übungsweg läßt sich leichter gehen, wenn man einen Menschen hat, der zuhören und notwendige Hilfestellungen geben kann.

Zur Bestandsaufnahme gehören auch der Partner, die Partnerin hinzu. Wie hat sich unser Verhältnis entwickelt, seit unser Kind da ist? Welche Vorstellungen hatten wir früher von Ehe, Partnerschaft? Was ist daraus geworden? Welchen Einfluß hat das Kind auf unsere Beziehung? Haben wir noch genügend Zeit füreinander oder kämpfen wir nur noch ums Überleben?

In meiner Arbeit rate ich manchmal dazu, solche Fragen auch im Rahmen einer Paartherapie zu bearbeiten. Es kommt darauf an, miteinander im Gespräch zu bleiben oder den Dialog überhaupt wieder aufzugreifen. Unabhängig von äußeren Hilfen kann die Einrichtung eines Eheabends pro Woche sehr sinnvoll sein. Voraussetzung dafür ist, daß man sich rechtzeitig um einen Babysitter bemüht, der einem Sicherheit und Vertrauen vermittelt, so daß ein streßfreier Eheabend möglich wird.

Die gegenseitige Wahrnehmung bei einem guten Essen oder einem ausgedehnten Spaziergang ist wichtig, auch für die Bestandsaufnahme. Sie soll schließlich aufzeigen, was bereits bearbeitet und bewältigt wurde, aber auch, wo dringender Handlungsbedarf besteht und neue Perspektiven entwickelt werden müssen.

Die Probleme rumoren oft lange im Gefühlsbereich und äußern sich möglicherweise in Unruhezuständen, depressiven Verstimmungen oder Schlafstörungen. Werden sie ins Licht des Bewußtseins heraufgeholt, kann man sie erkennen. Dann lassen sich Lebensängste, Schuld- und Versagensgefühle genau anschauen, entschärfen oder verwandeln. Die bisher vielleicht treibende negative Energie kann so zu einer positiven Kraft werden, die letztendlich der ganzen Familie zugute kommt.

Im Folgenden möchte ich auf weitere praktische Ansätze, Probleme zu lösen, eingehen.

Der praktische Aspekt:
Planvolle Gestaltung der Zeit

Im Atemholen sind zweierlei Gnaden:
Die Luft einziehen, sich ihrer entladen;
Jenes bedrängt, dieses erfrischt;
So wunderbar ist das Leben gemischt.
Du danke Gott, wenn er dich preßt,
Und dank' ihm, wenn er dich wieder entläßt.
J. W. Goethe

Das Problem: Der Terminkalender ist voll wie der eines Autokonzernmanagers. Die meisten Termine müssen für das Kind wahrgenommen werden. Zu viele Termine erzeugen Streß. Streß aber überträgt sich auf das Kind, und das löscht manchen therapeutischen Nutzen geradezu wieder aus.

Als Resultat vieler Gespräche mit Eltern über deren Terminkalender möchte ich die wesentlichen Hinweise darstellen:
– Informieren Sie sich, ob es in Ihrer Umgebung eine ambulante Frühförderung gibt, die zu Ihnen nach Hause kommt.

- Verbinden Sie den Arztbesuch mit dem Besuch bei einer Therapeutin oder einem Therapeuten. Vermeiden Sie aber zwei verschiedene Therapien an einem Tag. Das Kind wäre überfordert.
- Tragen Sie sich terminfreie Tage ein; streichen Sie diese rot an und versprechen Sie sich und dem Kind, diese Tage nicht zu belegen. Gut sind Tage in Richtung Wochenende, wenn man, auch in Schulzeiten, drei Tage am Stück das Auto stehen lassen kann.
- Machen Sie sich Quartalspläne. Sprechen Sie mit denjenigen, die ihr Kind behandeln, und fragen Sie nach Behandlungspausen. Es gibt Kinder, die mit Verweigerung reagieren, wenn sie zuviel an Terminen zugemutet bekommen. Die Pausen sind wichtig für die ganze Familie. In den therapiefreien Zeiten können alle loslassen, mehr füreinander da sein. Nach den Pausen steigt man neu ein, es tritt keine Routine auf, und mit jedem Neubeginn ist ein spürbarer Impuls verbunden.
- Im Terminkalender sollte ein Abend pro Woche freigehalten werden für den bereits erwähnten Eheabend. Wenn Sie sich die Zeit nehmen, regelmäßig als Mann und Frau, nicht «nur» als Vater und Mutter, auszugehen, kann eine neue gegenseitige Wahrnehmung entstehen. Viele Ehen leiden stark unter den oft zermürbenden Alltagszwängen, die einem das Gefühl vermitteln, nur noch als Rädchen zu funktionieren, bis man abends total erschöpft ins Bett fällt. Der Eheabend schafft Eigenraum, man lernt wieder, miteinander zu sprechen, und wenn der wöchentliche Rhythmus etabliert ist, kommt man allmählich auch über die Gespräche hinaus, die nur Bewältigungsstrategien des Alltags zum Inhalt haben; die Chance besteht, sich miteinander immer wieder auf das Wesentliche zu besinnen, sich zuzuhören, sich neu zu finden.

Die Gestaltung des Terminkalenders ist ein Stück Lebenskunst. Wenn man denkt, jetzt hat man es geschafft, tritt schon wieder etwas Unerwartetes ein und macht einem die schöne Planung zunichte. Aber es lohnt sich, daran zu bleiben.

Marinas Eltern erzählen:
Mit den Anforderungen wächst die Kraft

Auf den ersten Blick sind wir eine ganz normale Familie – Vater, Mutter, zwei Kinder. Auf den zweiten Blick sieht man, daß das Kind, das da noch im Kinderwagen sitzt, eigentlich schon zu groß dafür ist. Auf den dritten Blick schließlich kann man feststellen, daß mit diesem Kinderwagenkind durchaus nicht alles so normal ist – also doch keine normale Familie?

Als unsere Miriam sechzehn Monate alt war, kündigte sich das zweite Kind an. Wir freuten uns sehr, denn wir hatten uns immer schon zwei Kinder im Abstand von zwei Jahren gewünscht. Doch dann kam alles ganz anders als erwartet.

Marina wurde am 11.3.91 per Notkaiserschnitt zehn Wochen zu früh geboren. In der zweiten und dritten Nacht erlitt sie einen Pneumothorax[9] beidseitig, woraufhin sich Neugeborenenkrämpfe zeigten, deren Ursache massive Hirnblutungen waren. Daraus wiederum entwickelte sich ein Hydrozephalus, der operativ mit einem Shunt versorgt werden mußte. Ungefähr zum errechneten Geburtstermin bekamen wir unser Frühchen nach Hause.

Schon bald wurde ihre erhebliche Sehbehinderung deutlich,

Marina ist fast blind. Als weitere Folge der Hirnblutungen ergab sich eine schwere zerebrale Bewegungsstörung.

Als Marina zehn Monate alt war, wurden nach längerer Unsicherheit BNS-Krämpfe diagnostiziert; im Alter von drei Jahren kamen Grand-Mal- und Halbseitenanfälle dazu, die sich oft zu einem Status epilepticus steigerten, der meist umgehend durch den Notdienst behandelt werden mußte und Aufnahme in die Kinderklinik bedeutete.

Mit knapp sechs Jahren wurde bei Marina bei einer routinemäßigen orthopädischen Kontrolle rechts eine drohende Hüftluxation festgestellt, die aber noch nicht operiert wurde. Seit kurzem besteht der Verdacht auf ein neues Anfallsleiden, das sogenannte Lennox-Gastaut-Syndrom, das sich durch viele kleine Anfälle und Absencen über den Tag verteilt äußert.

Dies ist in Kürze Marinas Krankengeschichte.

Durch Marinas Geburt wurde unser Leben von einem Tag auf den anderen auf den Kopf gestellt – nichts war mehr so wie vorher. Am Anfang waren die Sorgen einfach niederschmetternd. Jeden Tag, wenn wir sie auf der Frühchenstation besuchten, sahen wir uns neuen Hiobsbotschaften ausgesetzt, deren Tragweite wir erst nach und nach erfaßten.

Und dann waren da auch noch die Probleme mit Miriam, die durch meinen mehrwöchigen Krankenhausaufenthalt während der Schwangerschaft ziemlich durcheinander war und nun natürlich unsere Sorgen spürte. Dazu kamen die täglichen Autofahrten zur Kinderklinik, die zusätzlich Unruhe in unseren Alltag brachten. Miriam war durch nichts zu bewegen, bei Oma und Opa oder einer Freundin zu bleiben – was wir absolut nachvollziehen konnten, uns aber in der Lage natürlich belastete. Für uns war die Trennungssituation vor der Tür zur Frühchenstation täglich aufs neue eine Zerreißprobe. Draußen die weinende, sich nicht trennen wollende Miriam, drinnen

Marina im Brutkasten, an etlichen Schläuchen und Infusionen angeschlossen. Es ist uns auch heute noch unverständlich, daß es keine Besucherzimmer für Familien in dieser Situation gibt, wo man in Ruhe warten kann. Dies wäre wirklich eine hilfreiche Einrichtung.

Auch nach Marinas Entlassung setzten sich die Probleme fort. Sie brauchte ewig lang für eine Milchflasche und trank obendrein nicht genügend, so daß wir sie nachts zusätzlich wecken und füttern mußten. Außerdem war da der Überwachungsmonitor, an den Marina beim Schlafen regelmäßig angeschlossen werden mußte und der uns mehrmals durch Fehlalarm schlaflose Nächte bescherte. Sehr belastend waren insbesondere die Arzt- und Therapietermine, zu denen wir immer mit beiden Kindern «anreisten». Dazu kam die tägliche Krankengymnastik zu Hause, die irgendwie in den Tagesablauf integriert werden mußte. Wir turnten zunächst nach der Vojta-Methode, was Kind und Mutter wirklich alles abverlangte. Nicht selten waren beide nach der Gymnastik in Tränen aufgelöst.

Rückblickend betrachtet, war unser Leben damals sehr fremdbestimmt. Vor allem ich als Mutter hatte das Gefühl, gar nicht mehr selbst als Person zu existieren, sondern nur noch zu funktionieren. Die Sorgen und die quälende Unsicherheit, was aus Marina werden würde, zerfraßen mich. Am bedrückkendsten war für mich, daß ihre Sehbehinderung immer deutlicher hervortrat. Die Prognose für ihr Sehvermögen war ganz schlecht; wir hatten auch früh gemerkt, daß sie nie Blickkontakt aufnahm und erst auf Geräusche reagierte.

Nach einiger Zeit war klar, es mußte sich etwas ändern. Wir ließen uns beim Gesundheitsamt beraten und erfuhren, daß wir Anspruch auf Hausbesuche der Krankengymnastin hatten und wechselten Therapeutin und Therapie. Fortan ging es uns deutlich besser. Die Bobath-Krankengymnastik wurde von

Marina viel besser akzeptiert und war infolgedessen auch für mich einfacher durchzuführen.

Wenn wir uns zurückbesinnen, war für uns die Art und Weise, wie wir von ärztlicher Seite in die Vojta-Therapie gedrängt wurden, eine der größten Belastungen.

Leider ziehen schwere Gehirnschädigungen oftmals Krampfleiden nach sich.

Als bei Marina im zehnten Lebensmonat die bereits erwähnten BNS-Krämpfe auftraten und eine mehrwöchige stationäre Cortisonbehandlung drohte, waren wir zuerst völlig geschockt. Trotzdem rafften wir uns auf und suchten den Erfahrungsaustausch mit Eltern in ähnlicher Situation. Unter der Rubrik «Eltern behinderter Kinder suchen Kontakt» inserierten wir in einer Elternzeitschrift und erhielten unerwartet viel Resonanz. Leider sind die meisten Betroffenen in bezug auf den Wohnort zu weit entfernt, so daß sich die Kontakte meist aufs Telefonieren oder Briefeschreiben beschränken. Übereinstimmend waren die Erfahrungen mit der medikamentösen Einstellung der Krampfanfälle – kurz gefaßt: sehr schwierig!

In dieser Phase hatten wir aber Glück; Marina sprach nach einer Weile sehr gut auf ein neues Medikament an und blieb von der stationären Therapie verschont.

Eine wertvolle Erfahrung und Hilfe im Alltag mit Marina war für uns die Betreuung durch eine Ergotherapeutin der Frühförderstelle. Neben der gezielten Förderung Marinas waren auch andere Punkte für uns von großer Wichtigkeit. Das «Annähern» unserer älteren Tochter Miriam an Marina; sie hatte Schwierigkeiten, zu ihrer behinderten Schwester eine Beziehung aufzubauen, da die körperlichen und geistigen Defizite von Marina einfach sehr groß waren und sind. Die regelmäßigen Elterngespräche mit der Therapeutin und einem Psychologen der Frühförderung waren für uns eine große Unterstützung in den Bereichen Geschwisterbeziehung und

Umgang mit den Reaktionen der Umwelt auf die immer deutlicher werdende Behinderung Marinas.

Insofern war auch die Begegnung mit einem Therapeuten, der auf der Grundlage der anthroposophischen Heilpädagogik arbeitet und Marina seit mehr als zwei Jahren betreut, von unschätzbarem Wert für alle Familienmitglieder. Er hat ebenfalls immer ein offenes Ohr für die Sorgen und Nöte der ganzen Familie und stellt nicht nur die Therapie allein in den Vordergrund. Marina hat durch die Chirophonetik[10] deutliche Fortschritte gemacht und hat noch mehr Spaß am Lautieren und an Sprache gefunden.

Ein heikler Punkt im Leben mit einem behinderten Kind waren und sind die in regelmäßigen Abständen erforderlichen Behördengänge. Mehr als einmal sind wir auf Unkenntnis, Unverständnis oder einfach mangelndes Fingerspitzengefühl gestoßen. Sei es, daß der Beamte, der bei der Beantragung des Behinderten-Parkausweises meinte, er verstehe gar nicht, weshalb wir den bräuchten, «so ein Kind trägt man doch»; sei es ein unangekündigter Besuch seitens des Gesundheitsamtes zwecks Überprüfung des Anspruchs auf Pflegegeld, bei dem ganz lapidar die Frage gestellt wurde: «Jetzt erklären Sie mir doch mal, weshalb Sie ein Mehr an Arbeitsaufwand für dieses Kind haben?»

Erst mit der Zeit lernten wir, uns vehement zu wehren und auf unseren Rechten zu beharren, und konnten uns in dieser Hinsicht persönlich weiterentwickeln. Trotzdem gab und gibt es immer wieder Phasen, in denen man sehr empfindlich und verletzbar ist und unbedachte Äußerungen nur schwer wegstecken kann. Das geht uns aber nicht nur im Umgang mit Behörden so, sondern ist ein generelles Problem im Kontakt mit Außenstehenden. An manchen Tagen reicht ein schiefer Blick eines Passanten auf Marinas Reha-Buggy, um uns zu treffen, an anderen können wir völlig unvoreingenommen auf Fragen nach ihrer Behinderung eingehen. Manchmal denke ich, man könnte die Behinderung mit einem Dorn vergleichen, der einem ins Fleisch gedrungen ist; der Dorn läßt sich nicht entfernen, die Wunde ist zwar oberflächlich verheilt, aber wenn man dranstößt, tut es auch nach Jahren noch unheimlich weh.

Mit dreieinhalb Jahren kam Marina in einen integrativen Kindergarten. Sie bekam einen Platz in einer der Integrationsgruppen mit jeweils zehn nicht behinderten und fünf behinderten Kindern. Am Anfang besuchte Marina nur vormittags den Kindergarten, wobei sie von uns hingebracht und abgeholt wurde. Und eigentlich dachten wir auch, daß das wohl mindestens ein halbes Jahr so bleiben würde. Aber Marina hat uns einmal mehr überrascht! Innerhalb kürzester Zeit fuhr sie beide Wege mit dem Caritas-Bus und blieb den ganzen Tag im Kindergarten, das heißt, sie aß dort auch zu Mittag. Wir Eltern mußten feststellen, daß sie uns keineswegs als «Dolmetscher» braucht, sondern sich mit ihren Möglichkeiten ganz gut selber verständlich machen und durchsetzen kann. Das war ein schwieriger Lernprozeß für uns; insbesondere für mich als Mutter. In der ersten Zeit traute ich mich fast nicht vom Telefon weg, ich dachte, da müsse doch ein Anruf kommen … Fazit: Ein behindertes Kind loszulassen ist noch schwerer, als dies bei anderen Kindern der Fall ist.

Von der lebhaften Gruppe hat Marina sehr profitiert. Ihr gefällt es, wenn so richtig was los ist, und sie möchte gern mitten im Geschehen sein. Außerdem ist sie auch buchstäblich auf den Geschmack gekommen: Obst und Kuchen schmecken plötzlich ebenfalls. Besonders schön ist für uns die Erfahrung, daß Marina ein wichtiger Teil der Gruppe ist und daß alle nach ihr fragen, wenn sie mal fehlt. Beeindruckt hat sie wohl die anderen mit ihrem Draufgängertum beim Schwimmen und mit den Unmengen, die sie beim Mittagessen vertilgen kann. Wie sehr Marina aber Teil der Gruppe geworden ist – unabhängig von ihrer Behinderung – hat uns vor allem folgende Episode verdeutlicht, die uns die Erzieherin erzählt hat: In der Gruppe wurde ein Spiel gemacht, bei dem jedes Kind ein besonderes Merkmal eines anderen Kindes nennen sollte. Ein Kind beschrieb Marina so: «Marina hat ganz weiche, wuschlige Haare.»

Das ist für uns Integration «pur» – wir sind sehr froh, daß es die *Arche* und vor allem Mitarbeiter gibt, die sich trotz des erheblich höheren Arbeitsaufwandes auf das Integrationskonzept einlassen. Für uns hat der Kindergarten eine spürbare Entlastung in der Alltagssituation gebracht, und wir freuen uns, daß Marina nach der erfolgreichen Zurückstellung noch ein weiteres Jahr dort verbringen darf.

Eine große Bereicherung für uns als ganze Familie waren und sind die Elternseminare des Fortbildungsinstituts der Lebenshilfe[11], an denen wir bereits des öfteren teilgenommen haben. Eltern und Geschwisterkinder arbeiten in Gruppen aufgeteilt am jeweiligen Seminarthema, während die behinderten Kinder von Mitarbeitern eines familienentlastenden Dienstes[12] betreut werden. Der Austausch mit anderen, die das gleiche Schicksal zu tragen haben, ist durch nichts zu ersetzen, und man kommt gestärkt für den Alltag zurück

Als sich bei Marina mit knapp drei Jahren Grand-Mal-Anfälle einstellten, kamen neue familienbelastende Situationen dazu. Durch die Angst, Marina (vor allen Dingen nachts) nicht mehr rechtzeitig im Anfangsstadium eines Anfalls zu entdecken und somit eine Notfallsituation hervorzurufen, wurden über einen Zeitraum von fast zwei Jahren unsere Nächte deutlich kürzer und stressig. Nach Beginn eines Anfalls mußten wir möglichst sofort reagieren, damit der Krampf nicht in einen Status epilepticus führte. Manchmal blieb noch Zeit, selbst ins Krankenhaus zu fahren, einige Male mußten wir aber auch den Notarzt rufen, was natürlich für die ganze Familie höchste Anspannung bedeutete, da innerhalb kürzester Zeit Sachen zusammengepackt werden mußten und Marina nicht unbeobachtet bleiben durfte. Die Anfälle brachten auch für Miriam ständige Anspannung mit sich, da sie teilweise blitzartig mit ins Krankenhaus kommen und in dieser Lage einfach «funktionieren» mußte.

Wir Eltern trauten uns nicht mehr, abends gemeinsam auszugehen, da die Krämpfe oft in der Einschlafphase auftraten. Freunde und Verwandte wollten wir ungern in diese Situation bringen. Durch diese angespannte Lage fand auch in gewisser Weise eine Isolation gegenüber Freunden und Verwandten statt, was jetzt, in einer entspannteren Phase, erst so richtig deutlich wird. Unsere Kraft reichte oft nicht aus, um Verabredungen einzuhalten oder gemeinsame Unternehmungen durchzuführen. Auch die Notwendigkeit, in der Nähe einer Klinik oder eines Arztes zu sein, schränkte unseren Aktionsradius erheblich ein, wofür nicht alle unsere Freunde Verständnis zeigten.

Allerdings kristallisierte sich in dieser schwierigen Zeit heraus, wer wirklich ein Freund war, Hilfe angeboten und sie auch realisiert hat. Bildlich dargestellt läßt es sich so ausdrükken: Außenstehende sehen, daß «der Karren im Dreck steckt» und daß wir versuchen, ihn herauszuziehen. Anfeuerungsrufe nützen da wenig – Leute, die mit anpacken, und wenn es nur mit einer Hand ist, sind echte Helfer. Wenn jemand anzupakken versucht, es kräftemäßig aber nicht schafft, ist er dennoch motivierender als jemand, der nur gutgemeinte Ratschläge erteilt. Daß behinderte Kinder auch in der Öffentlichkeit ständig im Blickpunkt stehen, man dieses «Beobachtetwerden» aber nicht jeden Tag gleich gut vertragen kann, wird jedem einleuchten.

Das Leben mit einem behinderten Kind ist wahrlich alles andere als einfach, aber es bietet auch die Chance, an der Aufgabe stetig zu wachsen und sich selbst weiterzuentwickeln. Man lernt, andere Schwerpunkte zu setzen. In einer Zeit des «Immer mehr, immer schneller, immer besser» kann man bewußt dagegenhalten und sich von diesen Zwängen freimachen, denn in der Begleitung eines behinderten Kindes sind ganz andere Dinge wichtig. Man freut sich riesig über den kleinsten Fortschritt, der eben nicht so selbstverständlich ist.

Außerdem stellen wir täglich aufs neue fest, wie zufrieden, glücklich und ausgeglichen unsere Marina ist – manchmal beschämt es uns fast. Sie schenkt uns trotz aller Sorgen unheimlich viel Lebensfreude und Zuversicht. Sie ist in ihren Äußerungen sehr direkt und unverfälscht – eigentlich ein beneidenswerter Charakterzug! Wenn es ihr gutgeht, geht es der ganzen Familie gut. Wir bemühen uns, ein ganz normales und harmonisches Familienleben zu führen, und freuen uns darüber, daß Miriam, je älter sie wird, mit der Behinderung ihrer Schwester besser umgehen kann.

Bildlich gesprochen, hoffen wir, daß unser Familienschiff trotz mancher rauhen See keinen Schiffbruch erleidet, sondern den Stürmen standhält und immer wieder einen sicheren Hafen findet, um Ruhe und Geborgenheit zu tanken und sich für die Weiterfahrt zu wappnen.

Die Kraftfrage

Woher die Kraft nehmen, das alles zu bewältigen?

Meistens werden Eltern völlig unvorbereitet mit der Tatsache konfrontiert, ein behindertes Kind zu haben. Plötzlich erleben sie sich nicht nur seelisch im Leid, sondern werden auch körperlich und in bezug auf die Lebenskräfte an ihre Grenzen gebracht.

Frau R. kam mit ihrem schwer mehrfachbehinderten Kind Sonja regelmäßig zu uns in Behandlung. Eines Tages war sie völlig verzweifelt und sagte, sie könne nicht mehr, sie fühle sich überfordert, die Fülle der Arbeit und die vielen Termine wegen Sonja erlaubten ihr nicht mehr, sich noch genügend um die Geschwisterkinder zu kümmern, geschweige denn ein halbwegs normales Eheleben zu führen. An sich selbst denke sie schon längst nicht mehr.

Als erste Maßnahme vereinbarten wir, die Behandlung des Kindes ab sofort auszusetzen und die Therapiestunden für die Mutter zu verwenden, um biographisch arbeiten zu können.

Frau R. – sie steht hier beispielhaft für viele Eltern mit ähnlichen Problemen – beschrieb nun ausführlich ihre momentane Lebenssituation, und wir erstellten eine Liste der Probleme, die sie darauf hierarchisch gliederte. Dabei wurde deutlich, daß die Schuldgefühle gegenüber den Geschwisterkindern im Vordergrund standen, weil sie glaubte, zu wenig Zeit für sie zu haben.

Frau R. reduzierte nun ihre Termine auf das äußerste Minimum und ließ sich dazu bewegen, für das inzwischen fast vierjährige Kind einen Babysitter zu suchen, der zweimal wöchentlich nachmittags aufpassen sollte. Der Kindergarten für behinderte Kinder war so weit entfernt, daß Frau R. bisher

Sonja die langen Fahrten nicht zumuten wollte. Sie erreichte aber, daß Sonja für zwei Vormittage pro Woche in den Regelkindergarten des Nachbarortes gehen konnte. Jetzt hatte sie etwas mehr Zeit für sich und für die anderen Kinder. Nachdem diese «Notbremse» gezogen worden war, konnten wir uns mit biographischen Themen und Fragestellungen beschäftigen. Dazu gehörten ein Überblick über ihr Leben bis zu diesem Tag, Gespräche über frühere Werte, Ideale und was aus ihnen geworden ist. Wiederkehrende Schwierigkeiten, mit denen sie sich konfrontiert sieht und die im Kern immer dasselbe Thema beinhalten – zum Beispiel: Wie kann ich mich ab- oder begrenzen lernen? –, führten zu der Erkenntnis, daß die von außen kommenden Probleme wie ein Aufruf verstanden werden können, neu, anders mit ihnen umzugehen. Wir vereinbarten, daß Frau R. sich zu Hause auf künstlerische Weise mit Themen, die sie bewegten, auseinandersetzte. Beispielweise mit der schweren Situation, als sie erfuhr, daß ihr Kind behindert ist. Im Umgang mit nicht-gegenstandsbezogenem Malen mit freier Form und Farbe können so Lebensthemen in Farbstimmungen anschaubar werden, und durch die gemeinsame Betrachtung des Bildes kann im Gespräch eine Lösung von dem Ereignis entstehen, eine Gegenüberstellung, die klar und deutlich anschaubar ist.

Bei solchen künstlerischen Übungen entsteht ein neuer Zugang zu Themen, die man schon lange in sich trägt; es kommt eine Bewegung in Gang, die die Chance einer inneren Veränderung in der Beziehung zu diesem Ereignis oder zu dieser Lebensphase in sich trägt.

Frau R. hat das Gefühl, auf einem Weg zu sein, der für sie und damit auch für ihre Familie Bedeutung hat. Wesentlich dabei ist, daß sie nicht mehr nur reagiert auf das, was auf sie zukommt, sondern zunehmend selbst initiativ handelt, an Perspektiven arbeitet und schonender mit sich umgeht.

Die Kraftfrage verlangt nach einer Auseinandersetzung auf der physischen, seelischen und geistigen Ebene, die ineinanderwirken und nicht schematisch getrennt vorgestellt werden dürfen.

Zur physischen Ebene zähle ich die Organisation des täglichen Lebens, eine nicht überfordernde Terminplanung, die Überprüfung, ob Anspruch auf Pflegegeld besteht, die Suche nach einem geeigneten Babysitter und Haushaltshilfen bis hin zur Gestaltung der Wohnverhältnisse, die das Leben mit einem behinderten Kind erleichtern.

Die Mutter von Marco, einem Jungen mit autistischen Zügen, der ständige Beaufsichtigung braucht, erzählte mir, daß sie eines Tages mit ihrem Mann zusammen anfing, den Garten für ihr Kind zu gestalten. Dazu gehörte der Bau eines Zaunes, der die Gewißheit gibt, daß der Junge nicht weglaufen kann. Alle gesundheitlich bedenklichen Pflanzen wurden entfernt, so daß keine Angst mehr aufkommen muß, wenn Marco Blätter abreißt und in den Mund steckt. Ein großer beschatteter Sandkasten und fest installierte Sitzgelegenheiten vervollständigen die Gartengestaltung. Frau L. kann Marco jetzt beruhigt zeitweise allein im Garten lassen, ein Blick hin und wieder genügt. Für die ganze Familie bewirkt diese Aktion eine Entspannung.

Wir sprachen schon mehrmals von Pausen, Freizeiten, Freiräumen für sich selbst oder mit dem Kind und den Geschwistern zusammen. Zeiten, in denen kein anderer Anspruch besteht als der, es sich miteinander gutgehen zu lassen.

Seelisch Kräfte sammeln zu können bedeutet auch, sich emotional zu entspannen, loslassen zu dürfen. Dem einen gelingt das am besten im Gespräch mit Freunden, bei Konzerten, Theaterbesuchen oder in irgendeiner künstlerischen Betätigung. Für den anderen ist Entspannung vielleicht eher möglich durch regelmäßige Besuche in der Sauna, durch Schwimmen, Dauerlauftraining oder Vereinssport. Die Möglichkeiten sind unbegrenzt und individuell ganz verschieden. Wichtig ist die Frage, die dahinter steht: Wie kann ich am besten lernen, mich zu entspannen und loszulassen. Bin ich dazu in der Lage, so in mich hineinzuhören, daß ich weiß, wann es an der Zeit ist, an mich zu denken? Es wäre falsch, diese Frage als egoistisch zu bewerten. Eine erholte Mutter, ein entspannter Vater sind für kleine Kinder leichter zu ertragen als Eltern, die ständig genervt sind und sich erschöpft mühsam durch den Tag quälen.

An dieser Stelle möchte ich die Kraftproblematik noch in eine Beziehung zu Therapien bringen, die zu Hause, meist von den Müttern, durchgeführt werden. Ich habe die Erfahrung gemacht, daß in der Regel ein Selbstverständnis darüber besteht, daß Mütter Therapien, die ihre Kinder bekommen, zu Hause fortsetzen sollten. Die beste Therapie nützt nichts, wenn die Mutter nicht die notwendige Kraft hat, sie durchzuführen. Oft tut sie es aber trotzdem, vor allem weil sie sonst ein schlechtes Gewissen gegenüber ihrem Kind bekäme, betreibt aber in dem Moment Raubbau an sich. Sich zu einer Therapie zu zwingen, ständig über seine Kraft hinauszugehen, bedeutet Substanzverlust und ein Nachlassen der Lebenskräfte bis hin zu Erkrankungen. Man darf davon ausgehen: So wie es der Mutter geht, so geht es dem Kind. Auch oder gerade das schwer behinderte Kind identifiziert sich mit der seelischen Ausstrahlung seiner Mutter. Wie soll eine heilende Wirkung entstehen, wenn die Mutter während der Therapie todunglücklich ist, sich weit weg wünscht oder mit Wut im Bauch routiniert die notwendigen Übungen macht? Es ist für das Kind viel heilsamer, wenn die Mutter in einer so ausgezehrten Situation sich und dem Kind etwas Gutes tut, als daß sie sich auf Biegen und Brechen die Therapie auch noch abzwingt. Das Kind hat lieber eine aufatmende, frohe und entlastete Mutter, die sich mutig ihre therapiefreien

Phasen schafft, als die immer am Ende ihrer Kräfte stehende Mutter, die nur noch Trauer auf ihr Kind überträgt; Wohlgefühl, Kraftsammlung, Entspannung und daraus resultierende Zuversicht sind viel wichtiger und für das Kind therapeutisch effektiver als der innere, oft von außen anerzogene moralische Zeigefinger, der mit «Du-mußt-aber-doch, du-sollst, du-darfst-nicht-nachgeben»-Parolen die Mütter und oft auch die Väter in die Knie zwingt.

Mit der Frage nach geistigen Kraftquellen kommen wir in einen Bereich hinein, in welchem äußere Organisation und aufwendige Vorbereitungen, um dieses oder jenes tun zu können, wegfallen. Auch wenn das Leben den Menschen rund um die Uhr beansprucht und kein Gedanke daran möglich ist, das bisher Besprochene in die Tat umzusetzen, so bleibt doch immer die Möglichkeit erhalten, ein inneres, geistig orientiertes Leben zu pflegen, wenn man es will.

Wenige Minuten am Tag reichen aus, um sich einen Innenraum zu schaffen, auf den man sich beziehen kann. Dieser Innenraum entsteht aus der freien Initiativkraft des Ichs und kann durch Gebet und Meditation substantiell gefüllt werden. Dadurch kann eine innere Entwicklung in Gang kommen, die bewirkt, daß man lernt, sich vielen Lebenssituationen – oder Ereignissen – anders zu stellen als bisher. Zunehmend kann man als Ich handeln und tragen, wo bisher die Emotionen vielleicht im Übermaß regierten. Rudolf Steiner hat Wege und Möglichkeiten dieser inneren Schulung aufgezeigt.

Aber auch schon der tägliche Umgang mit einem Spruch, einer Bibelstelle, einer Kunstbetrachtung, also mit demjenigen, was eine geistige «Berührung» beinhaltet, kann allmählich das sichere Gefühl vermitteln, nicht völlig den Zwängen des Alltags ausgeliefert zu sein. Die Auseinandersetzung mit individuell ausgewählten geistigen Inhalten ist eine Kraftquelle konzentriertester Art. Letztendlich geht es darum, zuneh-

mend zu gestalten und Perspektiven zu entwickeln bei gleich-
zeitiger Abnahme bloßen Reagierens.

Im Folgenden möchte ich beispielhaft aus dem Spruchgut
Rudolf Steiners[13] auf eine Meditation hinweisen, die eine konkrete Hilfe werden kann, wenn man mit ihr lebt.

Es ruhen in der Zukunft Schoß
Für meine Seele
Die guten und die schlimmen Lose.

Was mir Gutes täglich erfließt,
Will ich bemerken;
An ihm zeigt sich mir,
Was Götter aus mir gemacht.

Was mir Schlimmes zuweilen erfließt,
Will ich ertragen;
An ihm zeigt sich mir,
Was ich selber aus mir machen kann.

Ich danke meinem guten Geschick,
Wie ich jetzt lebe.
Ich danke meiner Stärke im schlimmen Geschick
Die Kraft, die ins Leben mich aufwärts führen kann.

Für einen Moment der Besinnung:
Betrachtung eines Bildes von Raffael

«Und nach sechs Tagen nahm Jesus Petrus und Jakobus und Johannes, seinen Bruder, und führte sie im vertrauten Kreise empor auf einen hohen Berg. Und er verwandelte sich vor ihnen. Sein Antlitz erstrahlte wie die Sonne, und seine Gewänder wurden weißleuchtend wie das Licht selbst. Und siehe, es erschienen ihnen Moses und Elias, im Gespräch mit ihm. Und Petrus sprach zu Jesus: Herr es ist gut, daß wir hier sind. Wenn du willst, so werde ich drei Hütten bauen, eine für dich, eine für Moses und eine für Elias. Und während er noch sprach: siehe, da überschattete sie eine leuchtende Wolke, und siehe, eine Stimme sprach aus der Wolke: Dies ist mein Sohn, den ich liebe. In ihm habe ich mich geoffenbart. Höret sein Wort!

Als die Jünger das hörten, fielen sie nieder auf ihr Angesicht. Ihre Seele erschauerte vor der Nähe des Geistes. Da trat Jesus zu ihnen, rührte sie an und sprach: Stehet auf, fürchtet euch nicht! Und als sie ihre Blicke erhoben, sahen sie niemand außer Jesus allein.

Beim Herabsteigen vom Berge gebot ihnen Jesus: Sprechet zu keinem Menschen von dem, was ihr geschaut habt, bis der Menschensohn von den Toten auferstanden ist. Und die Jünger fragten ihn: Was ist damit gemeint, wenn die Schriftgelehrten sagen, Elias müsse vorher wiederkommen? Er antwortete: Elias ist bereits gekommen, und die Menschen haben ihn nicht erkannt, sondern ihre Willkür an ihm ausgelassen. So wird auch der Menschensohn von ihnen zu leiden haben. Da verstanden die Jünger, daß er von Johannes dem Täufer zu ihnen sprach.»

«Als sie wieder zur Volksmenge kamen, trat ein Mensch auf sie zu und bat ihn auf den Knien: Herr, erbarme dich meines Sohnes; er ist mondsüchtig und erleidet große Qualen. Oft verfällt er dem Feuer und oft dem Wasser. Ich habe ihn zu deinen Jüngern gebracht, aber sie konnten ihn nicht heilen. Da sprach Jesus: Wie schwach sind die Herzen der Menschen, und wie ist das Menschenbild in ihnen entstellt. Wie lange muß ich noch bei euch sein? Wie lange muß ich euch noch tragen? Bringet ihn zu mir. Und Jesus herrschte ihn an, und der Dämon verließ ihn. Von dieser Stunde an war der Knabe geheilt.

Als sie wieder im vertrauten Kreise beisammen waren, fragten die Jünger Jesus: Warum konnten wir den Dämon nicht austreiben? ER sprach: Weil die Kraft eures Glaubens zu schwach ist. Ja, ich sage euch: Hättet ihr Glauben wie ein Senfkorn, so könntet ihr zu diesem Berge sprechen: Rücke von hier nach dort. Und er würde sich von der Stelle wegbewegen. Nichts würde euch unmöglich sein.»

Matthäus 17, 1-20[14]

Raffael, Die Verklärung Christi. Galleria Borghese, Rom.

Raffael stellt in seinem Bild «Die Verklärung Christi» zwei biblische Szenen dar: Die Verklärung Christi auf dem Berge Tabor und die Heilung des besessenen Knaben (Matthäus 17, 1-20).

Auf der linken unteren Bildhälfte sehen wir die Apostel, die nicht dazu in der Lage sind, den Jungen zu heilen. Die rechte untere Bildhälfte zeigt den abwesend wirkenden Jungen, der, so kann man annehmen, von seinem Vater gehalten wird. Daneben befindet sich eine Gruppe von Menschen, die den beiden nahestehen.

Im Vordergrund eine kniende Frau, die auf den Jungen zeigt, während sie sich den Aposteln zuwendet. Sie wird in der Bibel nicht erwähnt. Ihr Hinweisen auf den Jungen steigert den Eindruck des Unvermögens, die Krankheit zu heilen.

Die untere, irdische Welt allein kann nicht helfen. Ein Apostel und ein Begleiter des Kindes deuten auf die Verklärungsszene auf dem Berg. Dort erscheint der schwebende Christus, neben sich Moses und Elias. Petrus, Jakobus und Johannes erleben diesen Vorgang geblendet mit.[15]

Raffaels Christus-Darstellung wirkt sanft, wie zurückhaltend. Christus wird den Jungen heilen, wie es in der Bibel im Anschluß an die Verklärungsszene berichtet wird.

Der Junge, als Repräsentant der leidenden Menschheit, steht mit den Seinen noch im Dunkel, aber von oben kommen das Licht, die Tröstung, die Hoffnung und schließlich die erlösende Heilung.

Von der Annahme zur Integration

In der Regel setzt man als selbstverständlich voraus, daß Eltern ihr behindertes Kind annehmen, so wie es ist. Den Weg, den Eltern zu gehen haben, bis sie ihr Kind wirklich annehmen können, beschreiben viele von ihnen als äußerst leidvoll, und wir Außenstehenden, Therapeuten, Berater und alle anderen, tun gut daran, immer kritischer zu werden im Umgang mit der für selbstverständlich gehaltenen Akzeptanz des Kindes durch seine Eltern. Annahme setzt bei vielen voraus, daß auch eine Phase der Trauer vorausgegangen ist, eine Phase der Nicht-Akzeptanz, der Wut und der Verzweiflung. Das Durchleiden dieser schweren emotionalen Erlebnisse ist wie ein Gang durch tiefste Finsternis, oft verbunden mit Einbrüchen des Selbstwertgefühls und dem Empfinden von Ohnmacht.

Das Kind nicht zu akzeptieren bedeutet die gesamte Schicksalssituation abzulehnen, was schwere Schuldgefühle zur Folge haben kann.

Der Weg zur Akzeptanz des Kindes ist geprägt von dem Leid, sich von Vorstellungen lösen zu müssen, die sich am gesunden Kind orientieren, an seiner Zukunft, seinen beruflichen und sozialen Möglichkeiten. Das eigene Kind wird oft mit gleichaltrigen gesunden Kindern aus der Umgebung verglichen. Manchmal entstehen dabei Neid, Scham, ein Gefühl, von allem und jedem verlassen zu sein, Auflehnung gegen das Schicksal, im schlimmsten Fall Verbitterung und selbstgewählte Einsamkeit.

Ein wirkliches inneres Annehmenkönnen darf nicht damit verwechselt werden, daß man allmählich lernt, sich mit dieser Lebenssituation zu arrangieren. Innere Annahme, wie ich es hier nennen will, setzt voraus, daß ein Gespür, eine Empfindung dafür besteht, *wer* da von mir als Mutter, als Vater angenommen werden will. Je schwerer das Kind in seinem Ausdruckswesen behindert ist, je weniger es dazu in der Lage ist, Freude, Schmerz, Sympathie, Antipathie, Lust oder Unlust zu zeigen, desto schwerer wird es für die Eltern, an die kindliche Individualität heranzukommen. Der Beginn einer Annäherung kann darin liegen, daß wir von dem Begriff «Behinderung» Abstand nehmen und ihn durch die Vorstellung des Verhindertseins ersetzen: des Verhindertseins daran, sich zum Ausdruck zu bringen, Beziehungen aufzunehmen, ein differenziertes Seelenleben offenbar werden zu lassen, weil der Leib mit seinen Schädigungen, Krankheiten, Reifungsstörungen, neurologischen, physiologischen oder sonstigen Fehl- oder Mangelentwicklungen all das nicht zuläßt. Der Leib als Ausdrucksmittel für das Seelisch-Geistige versagt, ist vielleicht gelähmt oder läßt seine Handhabung als Instrument für die Individualität anders nicht zu. Der in diesem Leib lebende Mensch beziehungsweise der Mensch, der darum ringt, zu diesem Leib Zugang zu bekommen, wartet und hofft darauf, daß wir ihm immer näher kommen, daß wir ihn erkennen. Diese Erwartung haben alle Kinder, auch die gesunden. Wie oft leben und handeln wir heute an den essentiellen Bedürfnissen des Kindes vorbei, wie wenig Zeit nehmen wir uns, wirklich auf das Kind zu hören, seinen Wesenskern immer mehr kennenzulernen, seine Einmaligkeit zu erleben?

Manchmal gelingt es, für einen kurzen Moment etwas vom Wesen eines Kindes, das eine Behinderung hat, zu erfassen. Das kann von seinem Lächeln ausgehen oder von seinem plötzlich tief ergreifenden Gesichtsausdruck, der schon kurze Zeit später wieder wie gewöhnlich erscheint, von einem unartikulierten Laut oder von einem Blick, der vielleicht Erschütterung oder Erstaunen auslöst.

Ich kenne Mütter, deren Beziehung zu ihrem Kind so intensiv ist, daß sie nachts aus dem Tiefschlaf heraus sofort aufwachen, wenn es sich nicht wohl fühlt, einen Anfall hat oder sonst etwas mit ihm nicht stimmt. Die Hilfebedürftigkeit rund um die Uhr bringt oft für die Eltern eine restlose physische und psychische Erschöpfung mit sich; dadurch bleibt wenig Raum für die Entwicklung oder Schulung anderer Wahrnehmungsqualitäten, die zu einer Annahme des Kindes verhelfen. Der Kampf mit der Behinderung, die wie ein dichter Vorhang die Individualität des Kindes verdeckt, dieser einsame Kampf des Alltags macht es oft so schwer, den Vorhang zur Seite zu schieben.

Gewiß gibt es keine allgemeingültige Regel, wie man dies – zumindest ein klein wenig – erreichen kann. Auch ist die Annahme, wie mir Eltern erzählten, durchaus nicht immer etwas ein für alle Male sicher Erworbenes. Manchmal geht die Kraft der Annahme in einem Moment wieder weg, wenn das Verzagen überhandnimmt, wenn sich wieder Verzweiflung breitmacht und das Gespenst der Sinnlosigkeit triumphiert. Das sind Löcher, in die man hineinfällt, oder Stolpersteine, oft von außen in den Weg gelegt. Dafür gibt es keine Schuldigen, aber es ist ganz wichtig, sich selbst diese Löcher oder Stolpersteine zuzugestehen. Annahme will erarbeitet sein, will verinnerlicht werden, immer fester, immer unverbrüchlicher. Die Löcher und Stolpersteine scheinen dazusein, um einen auf die Probe zu stellen, wie weit es mit der Annahme tatsächlich gediehen ist. Zweierlei Erfahrungen möchte ich, zusammengefaßt aus vielen Elterngesprächen, zum Trost wiedergeben: Die eine ist, daß man immer besser lernt, mit den Löchern und Stolpersteinen umzugehen. Man verliert von Mal zu Mal etwas weniger von der schwer erworbenen Souveränität in diesen Krisen. Die andere besteht darin, daß die Löcher immer flacher werden und die Stolpersteine immer kleiner, irgendwann gehören sie einfach dazu, so wie in jeder Beziehung auch die Krisen dazugehören. Jede überstandene Krise vertieft die Beziehung.

Es war bereits vom Wesen des Kindes die Rede, dessen Erkenntnis die Annahme erleichtert. Die Annahme kann seelisch-emotional durch Höhen und Tiefen, Nähe- und Distanzerlebnisse gehen. Um seelische Nähe zum Kind entwickeln zu können und es zu akzeptieren, bedarf es gemeinsamer Erlebnisse: der Erfahrung, daß man gute und schwere Zeiten als Eltern nicht allein, sondern immer mit dem Kind zusammen erlebt. Je jünger das Kind ist, desto mehr können wir davon ausgehen, daß sein Seelenleben, und sei das Kind noch so schwer behindert, sich mit dem Seelenleben besonders seiner Mutter, aber auch seines Vaters identifiziert. Wichtig sind absichtsfreie Zeiten. Stunden, die man ohne Therapie und ohne Förderungsabsichten, nur um des Zusammenseins willen mit dem Kind verbringt. Auch wenn es «weit weg» wirkt, wenn man sich von ihm kaum wahrgenommen fühlt, wenn es vielleicht sogar in einem komaähnlichen Stadium ist – immer dürfen wir annehmen, daß das Kind ein Erlebnis davon hat, was wir mit ihm tun und – vor allem – *wie* wir es mit ihm tun. Das absichtsfreie Leben mit dem Kind, die wenigen Stunden, die man dafür erübrigen kann, sollen Kind, Mutter und Vater guttun. Zum Beispiel gemeinsam spazierengehen, mit dem Kind herumtollen oder es einfach bei sich haben, mit ihm reden, singen, ihm etwas vorlesen oder erzählen, Kaffee oder Schokolade trinken und – soweit möglich – etwas Gutes dazu essen. In diesem Sinne meine ich «Absichtsfreiheit». Wie reagiert das Kind auf Musik? Kann man mit ihm in ein altersgemäßes Konzert gehen oder etwas besichtigen? Welches sind seine Vorlieben? Eltern, die mit solchen Fragen leben, bekommen Antworten auch von ihren nicht sprechenden Kindern. Ich bin immer wieder erstaunt darüber, was Mütter mir über Bedürfnisse oder Ablehnungen ihrer Kinder erzählen, auch wenn schwerste Behinderungen bestehen.

Eine nonverbale Beziehung entsteht mit der Zeit auf der

Grundlage von gemeinsam Erlebtem, auf der Grundlage von Zusammengehörigkeit und intensiver Verbundenheit, deren Keim entdeckt und gepflegt werden will. Dann wird Annahme zu einer seelischen Tatasache, die auf Entwicklung zurückblickt und Perspektive in sich trägt.

Es gibt noch eine andere Ebene, die uns Hilfe anbietet, das Kind, sein Schicksal und unser gemeinsames Schicksal mit ihm allmählich anzunehmen. Diese Ebene ist geistiger Natur. Man kann sie außer acht lassen, man kann sich aber auch behutsam auf ihr bewegen lernen. Hier besteht größte individuelle Freiheit, hier darf es kein «Muß» oder «Man-sollte-doch» geben, hier kommt es nur noch auf das eigene Wollen an.

Wenn ich von einer geistigen Ebene spreche, von der aus ein Zugang zum Kind entwickelt werden kann, der letztlich auch mit Annahme zu tun hat, so meine ich das begrenzt auf zwei Gesichtspunkte. Dabei geht es nicht darum, ab man an geistige Wesen nun glaubt oder nicht, sondern es kommt darauf an, dies ge- oder bedacht zu haben. Der eine kann vielleicht gleich, der andere erst später etwas Berechtigtes oder Ernstzunehmendes darin erkennen oder es wertfrei stehen lassen.

Ein Gesichtspunkt bezieht sich auf den Engel des Menschen.

Engel

Schilderungen von Engeln findet man im Alten und im Neuen Testament. Motive aus den biblischen Schilderungen der Engel wurden auf verschiedene Weise künstlerisch dargestellt, so auf den russischen Ikonen, in der Plastik und Malerei der Romanik und Gotik, auf Gemälden und Fresken Fra Angelicos, Giottos, Raffaels und anderer Künstler der Renaissance bis hin zu Bildern unserer Zeit, zum Beispiel von Marc Chagall oder Paul Klee.

Für unsere Auseinandersetzung mit einem möglichen inneren Weg zur Annahme des Kindes gehe ich von der geistigen Tatsache aus, daß jeder Mensch seinen Engel hat, der ihn immer begleitet. In der Bibel spricht Christus im Evangelium des Matthäus, Kapitel 18, Vers 10: «Seht zu, daß ihr nicht einen von diesen Kleinen verachtet. Denn ich sage euch: Ihre Engel im Himmel sehen allezeit das Angesicht meines Vaters im Himmel.» Die Führung des Kindes, des Menschen, nimmt sich für uns, vom irdischen Standpunkt gesehen, wie Zufall aus, dahinter aber steht eine weise Schicksalsführung und Begleitung durch den Engel. Dessen Wirken geschieht aus einer gewaltigen, umfassenden Übersicht des menschlichen Lebens und seiner entwicklungsfördernden Notwendigkeiten. Der Engel trägt wesentlichen Anteil daran, daß der in seinen Schutz gegebene Mensch Erlebnisse und Begegnungen hat, die für ihn wesentlich sind, und er steht dem Menschen bei, besonders dann, wenn er in Not ist und wenn es ihm schlecht geht.

In schweren Situationen mit dem Kind, wie immer diese auch aussehen, kann man sich an den Engel des Kindes wenden. Dabei handelt es sich nicht um ein Gebet an den Engel, sondern um eine Fürbitte, etwa daß der Engel dem Kind beistehen möge, seine Krankheit oder Behinderung ertragen und bewältigen zu können. Auch persönliche Sorgen und Probleme, die mit dem Kind in Verbindung stehen, können an den Engel des Kindes herangetragen werden mit der Bitte um Hilfe. Allein die Tatsache, daß ein unbewältigtes Problem oder eine schwer belastende Situation dem Engel anvertraut werden darf, kann schon zu einer Entlastung führen. Das bittende Miteinbeziehen dieser Schicksalsmächte in unser Leben und in das Leben des Kindes birgt ein Gefühl von Weitung und aufkeimender Hoffnung in sich.

Engel

Engel, die ihr in den Zwischenräumen
aller Weltgestalten lebt:
an den Küsten, an den Weltensäumen,
dort wo eins mit andrem webt.

Daß das Fremde mir zueigen werde,
geht der Engel Atem durch mein Sinnen:
die Vergangenheiten klingen, rinnen
aus den stillen Augen aller Dinge
immer tiefer in die Lebensringe
meiner Welt.

Daß in meinem Wandel kein Gesicht
in dem Winter mir verloren gehe,
hebe ich mein irdisches Gewicht
in die Sonnenkreise eurer Nähe;
will mich zu dem größeren Gelingen
wiederbringen.

Hans Müller-Wiedemann[16]

Das Kind in der Mitte

Eine weitere Möglichkeit, sich dem Kind zu nähern, es in seinem tieferen Wesen erfassen zu lernen, aber ihm auch eine konkrete Hilfe zukommen zu lassen, besteht im Austausch mit Menschen, die auch mit dem Kind zu tun haben oder ihm irgendwie nahestehen.

Wird ein solches Gespräch mit der inneren Haltung geführt, daß Gedanken reale, wirkende Kräfte sind, und bezieht man im geistigen Sinne die Individualität des Kindes in das Gespräch mit ein, so kann dadurch Wesentliches geschehen.

In vielen anthroposophischen Einrichtungen werden auf diese Weise Kinderkonferenzen durchgeführt. Dabei geht es um ein möglichst genaues Erfassen des Kindes, seiner Gestalt, Bewegung, Sprache, seiner Art zu denken, zu fühlen, zu handeln, der wichtigen Stationen in seinem bisherigen Leben, seiner familiären Zusammenhänge und manches mehr. Aus der umfassenden Beschreibung des Kindes, zu der jeder der bei dem Gespräch Anwesenden seine Wahrnehmungen und Erfahrungen beiträgt, verdichtet sich allmählich ein individuelles, einmaliges Bild des Kindes, das nun nicht auf seine Behinderung reduziert wird, sondern ohne Spekulation in seinem ganzen Sein und der daraus resultierenden Wirkung auf die Menschen in seinem Umfeld gesehen wird. Man könnte auch sagen, je genauer und vielfältiger die Beschreibungen des Kindes sind, desto deutlicher wird die mit dem Kind verbundene Schicksalssprache. Aus dieser Sicht heraus wird dann auch deutlich, was das Kind an Therapie und besonderer Zuwendung für seine Entwicklungsförderung braucht. Können die Eltern des Kindes an einem solchen Gespräch teilnehmen, so ist für sie die Erfahrung entscheidend, daß es Menschen gibt, die um eine Wesenserfassung ihres Kindes ringen und damit den «Vorhang» der Behinderung etwas zur Seite schieben. Auf der anderen Seite können für die Therapeuten, Lehrer oder sonst dem Kind Nahestehenden in einem solchen Gesprächsrahmen die Größe und Dramatik des elterlichen Schicksals und die Bedeutung der Behinderung des Kindes für die Biographie der Mutter und des Vaters erahnbar werden. Wer das erleben darf, der erfährt sich immer mehr in der richtigen Relation zu der betroffenen Familie. Die Wandlung vom allwissenden Fachmenschen zum immer bescheidener werdenden Begleiter des Kindes und seiner Eltern beginnt sich dann zu vollziehen.

Der Prozeß, die Behinderung des Kindes anzunehmen, kann Entwicklung, Aufgabe, Reifung, gemeinsames Wachsen beinhalten, begleitet von Krisen, Verzweiflung und Ohnmachtsgefühlen. Jede Überwindung dieser schweren seelischen Phasen bedeutet einen Kräftezuwachs. Die zunehmende Akzeptanz der Behinderung wird zur Annahme dieses besonderen Schicksals des Kindes und seiner Eltern. Sind Eltern so weit gekommen, daß sie ihre Lebenssituation bejahen können, dann wächst sich die Akzeptanz – bildlich gesprochen – zu einem starken, früchtetragenden Ast am Lebensbaum der Mutter, am Lebensbaum des Vaters aus. Das Leid erfährt eine biographische Integration und wirkt, verwandelt, in geistig-seelischer Hinsicht fruchtbar, auch auf die Umgebung, über die Familie hinaus, und darin liegt etwas Zukünftiges, Heilendes.

Eltern, die diesen Verwandlungsprozeß durchlitten haben, tragen eine wertvolle Substanz in sich, die anderen Menschen in einer schweren Situation eine wertvolle Hilfe sein kann.

Zur Sinnfrage

Die Frage nach dem Sinn, die sich in der Konfrontation mit der Behinderung des Kindes aufwirft, soll hier von zwei Aspekten aus betrachtet werden. Von der einen Seite schauen wir direkt auf das Kind. Wir kennen seine biographischen Daten, besonderen Ereignisse, Erkrankungen, Fortschritte und Entwicklungen. Jedes Kind hat seine eigene Lebensmelodie. Es gibt dramatisch bewegte, mitreißende, erschütternde Melodien oder sanfte, ruhige, eher gleichmäßige. Jede Melodie ist anders und einzigartig. Immer ist die Individualität des Kindes der Komponist seiner Melodie oder der Maler seines Schicksalsgefüges. Immer hat auch das schwerste Schicksal unmittelbar einen tief verborgenen Sinn für denjenigen, der es erleiden muß. Ohne den Gedanken eines sinnvoll waltenden Schicksals kommt man mit der Sinnfrage schnell an Grenzen. Letztendlich ist die Frage nach dem Sinn einer Behinderung die Frage nach dem Sinn des Leidens. Welches Leid muß ein Mensch mit einer Behinderung durchmachen, wenn ihm sein Leib nur ungenügend zur Verfügung steht, vielleicht auch Schmerzen bereitet, ihn ständig begrenzt, einschränkt oder aussondert?

Schicksalsverständnis braucht Zeit. Situationen im Leben, die man als schmerzhaft und leidvoll erlebt, können Jahre später oft ganz anders gesehen werden. Das damals erlebte äußere schmerzhafte Ereignis wandelt sich in eine die Entwicklung fördernde Erfahrung oder es führt zu Begegnungen, die von entscheidender Bedeutung für das weitere Leben sein können.

Ohne einen spirituellen Zugang zur Frage nach dem Sinn des Leidens wird das Leid als zufällige Grausamkeit, als sinnlos und schwer oder unerträglich erlebt. Die Tatsache, daß Leid für denjenigen, der es durchmachen muß, letztendlich immer die Chance zu geistig-seelischer Entwicklung und Reifung in sich trägt, darf nicht nur für das Leben hier und jetzt

gedacht werden. Physisch gesehen wird ein Mensch zum Beispiel behindert geboren und stirbt behindert. Die in einem
solchen Leben gemachten Erfahrungen wirken im nachtod-
lichen Leben weiter und verwandeln sich dort so für den
Menschen, daß sie für seine weitere Entwicklung impulsierend
und förderlich sein werden.

Eine liebe- und interessevolle Hinwendung zum Kind
selbst, zu seiner bisherigen Biographie, und die Bemühung,
sein Leiden nachzuempfinden, gehören zum ersten Aspekt der
Frage nach dem Sinn einer Behinderung.

Der zweite Aspekt betrifft den Umkreis des Kindes. Welche
Entwicklungen, Aufwach- und Grenzerlebnisse werden bei
den Menschen hervorgerufen, die mit ihm – im weitesten
Sinne – zu tun haben? Welche Handlungen bewirkt das Kind?
Inwieweit wird die Welt durch das Leben, das Sein des Kindes
verändert? Welche Auswirkungen hat das Kind auf die Biographien seiner Mutter und seines Vaters?

Frau W.

Vor etwa zehn Jahren kam Frau W. mit ihrem schwerstbehin-
derten, damals dreijährigen Sohn zu mir, der weder laufen noch
sprechen konnte, nach unserer Einschätzung auch Sprache
nicht verstand und gar kein Interesse an dem zeigte, was um ihn
herum geschah. So stellte es sich von außen gesehen dar.

Frau W., alleinerziehend, erzählte mir, daß sie ohne äußeren
Anlaß schon während der Schwangerschaft ein Gefühl von Un-

ruhe und Angst in sich trug und auch Träume hatte, die sie so interpretierte, daß mit dem Kind etwas nicht in Ordnung sei.

Das Kind kam zur Welt, und es zeigte sich sofort, daß es eine schwere Behinderung hatte.

Als es nach einigen Monaten aus der Klinik entlassen wurde, saß Frau W. abends noch lange am Bettchen ihres Kindes, immer mit den Fragen: Wer bist du? Was ist der Sinn deines Lebens? Warum trifft mich dieses Schicksal, ein behindertes Kind zu bekommen? Obwohl das Kind nur wenig Reaktionen auf Ansprache und Geschehnisse in seiner Umgebung zeigte, entwickelte Frau W. mit der Zeit eine tiefe, innige Beziehung zu ihm, und sie hatte auch ganz stark das Gefühl, daß das Kind die Beziehung zu ihr ebenso empfand. Mit fünf Jahren konnte es immer noch nicht laufen und sprechen, aber es konnte durch eine reiche Mimik Freude, Ärger, Zuneigung, Abwehr oder Traurigsein deutlich zum Ausdruck bringen.

Zu dieser Zeit bekam die Mutter mit ihrem Sohn die Möglichkeit, bei einer Spielgruppe mitzumachen, und in dieser Spielgruppe entwickelten sich zum ersten Mal konkrete Beziehungen zu anderen Eltern, deren Kinder auch behindert oder in ihrer Entwicklung beeinträchtigt waren. Dort tauschte man sich über alles mögliche aus, auch über verschiedene therapeutische Erfahrungen. So fand Frau W. den für sie und ihr Kind als richtig empfundenen Weg in die anthroposophische Heilpädagogik. Als das Schulalter nahte, wollte Frau W. den therapeutisch verfolgten Weg auch schulisch für ihr Kind fortsetzen, aber die nächste Schule für Seelenpflege-bedürftige Kinder war so weit weg, daß die tägliche Hin- und Herfahrt unzumutbar gewesen wäre. So suchte sie eine Heimsonderschule, in der auch das bisherige therapeutische Vorgehen gewährleistet war.

Alle Einrichtungen, die sie sich ansah, besuchte sie gemeinsam mit ihrem Kind, und es dauerte lange, bis sie an eine Heimschule gerieten, in der sie mit ihrem Sohn eine übereinstimmende positive Empfindung hatte. Also kam das Kind dorthin, und sie hatte vom ersten Tag an das sichere Gefühl, daß diese Entscheidung richtig war.

Nach einer Zeit kam Frau W. der Gedanke, daß sie ihr Kind nach der Schulzeit gerne wieder mehr in der Nähe hätte, aber auch eine entsprechende sozialtherapeutische Einrichtung für Erwachsene gab es im Umkreis nicht. Sie sprach dann andere Eltern an, die in ähnlicher Situation waren, und zusammen gründeten sie eine Initiativgruppe mit dem Ziel, eine sozial-therapeutische Lebens- und Arbeitsgemeinschaft zu bilden. Inzwischen besteht diese Einrichtung, und das Kind, das bald ein Jugendlicher sein wird, wird dort seinen Platz finden.

Rückblickend war es für Frau W. eine sehr bewegende Erkenntnis, was ihr Kind alles bewirkt hatte. Zum einen einen biographischen Umschwung in ihrem Leben, denn mit seiner Geburt taten sich plötzlich Fragen auf, Sinnfragen, Perspektivfragen, die sie früher nie gehabt hatte, als die Welt noch «in Ordnung» war und vielmehr äußere Werte ihr Leben bestimmten. Zum anderen war sie durch ihr Kind mit Impulsgeber zur Gründung einer Einrichtung geworden, die in Zukunft das Schicksal vieler Menschen positiv beeinflussen wird.

Jedes Schicksal ist einmalig. Das Erleben selbst durchgemachten Leides oder die Wahrnehmung eines anderen leidenden Menschen sind immer ganz individuell. Der Blick auf das Kind und die Wirkung des Kindes auf die Menschen seiner Umgebung können dazu beitragen, die Sinnfrage zu beleuchten.

Sehen wir die Behinderung und das durch sie hervorgerufene Leid im Zusammenhang mit allen Menschen, so können diese Schicksale auch als Opfer der Kinder erscheinen, als Beitrag zum Wohle der anderen.

Spekulative Antworten auf die Sinnfrage haben dabei nichts zu suchen.

Für einen Moment der Besinnung:

Früher konnte man denken: Unglück ist Strafe.
Heute muß man lernen, daß je mehr die Mensch-
heitsgeschichte vorwärts schreitet, Unglück auch
Hilfe sein kann, um den ewigen Wesenskern des
Menschen aus dem Rohmaterial des Erdendaseins
herauszumeißeln.

Emil Bock[17]

Vom Umgang mit dem Schuldgefühl

Viele Eltern leben mit Schuldgefühlen. Drei Arten der Schuld möchte ich voneinander unterscheiden.

1. Die eine Schuld wird so erlebt, daß die Eltern, besonders die Mütter, irgendein Ereignis während der Schwangerschaft als mögliche Ursache für die Behinderung ihres Kindes in Betracht ziehen und sich dann mit Selbstvorwürfen quälen.

Eine Mutter machte sich die größten Vorwürfe, daß sie in den ersten Schwangerschaftswochen geraucht hatte. Bei einer anderen Mutter eines schwerbehinderten Kindes stand der Selbstvorwurf im Vordergrund, daß sie während der Schwangerschaft eine Flugreise unternommen hatte.

Das Grübeln nach den Ursachen der Behinderung des Kindes führt in eine Sackgasse. Die Gedanken drehen sich im Kreis, und das Schuldgefühl lastet unvermindert, oft jahrelang. Wird das eigene Verhalten der Mutter für die Behinderung des Kindes mitverantwortlich gemacht, so kann es eine wertvolle Hilfe sein, dieses Problem in der Biographiearbeit zu behandeln.

Dabei können Fragen entstehen wie:

- Inwieweit erlebe ich Schuldgefühle, die stark gesellschaftlich geprägt sind: «Warum hast du bei den heutigen Möglichkeiten der Vorsorgeuntersuchung ein Kind beispielsweise mit Down-Syndrom zur Welt gebracht?»
- Welche Bedeutung hatten Schuldgefühle in meinem Leben vor der Geburt meines Kindes?
- Inwieweit fühle ich mich für andere mitverantwortlich, wo gehe ich darin vielleicht zu weit?
- Welchen Stellenwert hatte Schuld bei meinen Eltern und wie wirkte das auf mich, als ich Kind war?

– Ist mein Schuldgefühl gegenüber meinem Kind realistisch oder mache ich mir vielleicht etwas vor, weil der Gedanke, keine Ursache für das Verhalten meines Kindes zu finden, unerträglich ist?

Diese Fragestellung bewegt besonders oft Mütter von Kindern mit autistischen Zügen, bei denen körperlich keine Erklärung für ihr Anderssein gefunden werden kann. Ich habe erlebt, daß Eltern von autistischen Kindern von außen Schuldgefühle aufgeladen wurden, indem man ihnen erklärte, daß sie selbst aufgrund irgendeiner emotionalen Schwierigkeit oder unbewältigter Familienprobleme das Verhalten ihres Kindes zu verantworten hätten.

2. Ein anderes Gewicht bekommt die Schuldfrage, wenn zum Beispiel Alkohol- oder Drogenkonsum zur Zeit der Zeugung des Kindes oder der Schwangerschaft für die Behinderung mitverantwortlich gemacht werden müssen. Oder wenn Gewaltanwendung gegenüber dem Kind zu seiner Behinderung führte.

Hier wird die Schuld real greifbar, und es ist den schuldig Gewordenen zu wünschen, daß sie den Mut und die Kraft aufbringen, psychotherapeutische oder seelsorgerische Hilfe in Anspruch zu nehmen. Reue über das Vergangene allein hilft nicht weiter. Auch wenn eine Wiedergutmachung jetzt nicht möglich ist, so können doch intensive innere Arbeit und die Bemühung um das Kind günstige Voraussetzungen schaffen, an die in Zukunft angeknüpft wird. Schuld muß auch wiedergutgemacht werden können. Wenn nicht jetzt, so in einem weiteren Leben.

Der Wiederverkörperungsgedanke gehört von jeher zum Geistesgut verschiedener Kulturen. Die Inder haben durch ihre heiligen Schriften Bhagavadgita, die Veden und die Upanischaden seit Urzeiten das Wissen um die Reinkarnation. Das

Ägyptische Totenbuch beinhaltet diesen Gedanken, und weiter finden wir Aussagen über die Wiedergeburt in der griechischen Kultur bei Pythagoras und bis hin zur Neuzeit – beispielhaft bei Lessing und Goethe. Ein Auszug aus Lessings *Die Erziehung des Menschengeschlechts*[18] sei hier angeführt:

«§91. Geh' deinen unmerklichen Schritt, ewige Vorsehung! Nur laß mich dieser Unmerklichkeit wegen an dir nicht verzweifeln! – Laß mich an dir nicht verzweifeln, wenn selbst deine Schritte mir scheinen sollten zurückzugehen! – Es ist nicht wahr, daß die kürzeste Linie immer die gerade ist.

§92. Du hast auf deinem ewigen Wege so viel mitzunehmen, so viel Seitenschritte zu tun! – Und wie? wenn es nun gar so gut als ausgemacht wäre, daß das große langsame Rad, welches das Geschlecht seiner Vollkommenheit näher bringt, nur durch kleinere schnellere Räder in Bewegung gesetzt würde, deren jedes sein einzelnes ebendahin liefert?

§93. Nicht anders! Ebendie Bahn, auf welcher das Geschlecht zu seiner Vollkommenheit gelangt, muß jeder einzelne Mensch (der früher, der später) erst durchlaufen haben. – «In einem und ebendemselben Leben durchlaufen haben? Kann er in ebendemselben Leben ein sinnlicher Jude und ein geistiger Christ gewesen sein? Kann er in ebendemselben Leben beide überholet haben?»

§94. Das wohl nun nicht! – Aber warum könnte jeder einzelne Mensch auch nicht mehr als einmal auf dieser Welt vorhanden gewesen sein?

§95. Ist diese Hypothese darum so lächerlich, weil sie die älteste ist, weil der menschliche Verstand, ehe ihn die Sophisterei der Schule zerstreut und geschwächt hatte, sogleich darauf verfiel?

§96. Warum könnte auch ich nicht hier bereits einmal alle die Schritte zu meiner Vervollkommnung getan haben, welche bloß zeitliche Strafen und Belohnungen den Menschen bringen können?

§97. Und warum nicht ein andermal alle die, welche zu tun, uns die Aussichten in ewige Belohnungen so mächtig helfen?

§98. Warum sollte ich nicht so oft wiederkommen, als ich neue Kenntnisse, neue Fertigkeiten zu erlangen geschickt bin? Bringe ich auf einmal so viel weg, daß es der Mühe wiederzukommen etwa nicht lohnet?

§99. Darum nicht? – Oder weil ich es vergesse, daß ich schon dagewesen? Wohl mir, daß ich das vergesse! Die Erinnerung meiner vorigen Zustände würde mir nur einen schlechten Gebrauch des gegenwärtigen zu machen erlauben. Und was ich auf itzt vergessen muß, habe ich denn das auf ewig vergessen?

§100. Oder, weil so zu viel Zeit für mich verloren gehen würde? – Verloren? – Und was habe ich denn zu versäumen? Ist nicht die ganze Ewigkeit mein?»

Rudolf Steiner hat die Wiederverkörperung und damit zusammenhängend das Schicksal des Menschen in vielen seiner Schriften und Vorträge auf geisteswissenschaftlicher Erkenntnisgrundlage ausführlich dargestellt.[19] Für unseren Zusammenhang ist der Gedanke wesentlich, daß ein Erdenleben nicht ausreichen kann, um alles auszugleichen, was zwischen Menschen an Schuld geschaffen wurde und wird. Das bedeutet, daß der Mensch für die von ihm verursachte Schuld geradestehen muß, Verantwortung trägt, aber auch den Ausgleich wiederherstellen darf durch gute Taten, durch liebevolle Taten. Damit ist dem Menschen die Chance zur Entwicklung gegeben. Immer wieder bekommt er die Möglichkeit, in Freiheit sein Schicksal zu ergreifen, initiativ damit umzugehen und durch Irrtümer und Dunkelheit hindurch seine Freiheit- und Liebefähigkeit zu steigern. Der, dem die Schuld zugefügt wurde, kann durch das Verzeihen, jetzt oder in Zukunft, den schuldig Gewordenen entlasten. Der Ausgleich der Schuld durch entsprechende Taten stellt das Gleichgewicht zwischen beiden Menschen wieder her. Das, was durch die Schuld an objektiv Bösem, Negativem in die Welt gebracht wurde, kann nur durch Vergebung getilgt werden. Die Vergebung der Sünde durch Christus beinhaltet diese Tilgung der Schuld, entbindet den Menschen aber nicht von seinem eigenen initiativen Handeln, um den karmischen Ausgleich wiederherzustellen.

An dieser Stelle leuchtet ein weiterer Schuldaspekt auf:

3. Muß die Behinderung des Kindes als Gottesstrafe für meine Verfehlungen als Mutter, als Vater angesehen werden?

Diese Frage tritt auch heute noch auf.

Frau S. erzählte mir, daß sie in einer kleinen Gemeinde lebt, von der sie sich seit der Geburt ihres Kindes, das mehrfach behindert ist, sozial isoliert fühlt. Sie sah sich mit den Vorwürfen der «Gottesstrafe» konfrontiert; der moralische Zeigefinger mancher Mitmenschen machte ihr das Leben schwer.

Der alttestamentlichen Auffassung von «Gottesstrafe» steht Christus gegenüber; wie er dem schuldig gewordenen Menschen begegnet, davon gibt das Johannesevangelium im 8. Kapitel Zeugnis:

Die Ehebrecherin

Und Jesus ging auf den Ölberg. Als dann aber der nächste Tag heraufdämmerte, war er schon wieder im Tempel, und das Volk strömte zu ihm, und er setzte sich nieder und lehrte sie. Da brachten die Schriftgelehrten und Pharisäer eine Frau herbei, die beim Ehebruch ergriffen worden war, und stellten sie in ihre Mitte. Dann sprachen sie zu ihm: Meister, diese Frau ist auf frischer Tat beim Ehebruch ergriffen worden. Moses hat uns im Gesetz geboten, solche Frauen zu steinigen. Was sagst du dazu? Das sagten sie, um ihn auf die Probe zu stellen und um einen Grund zur Anklage gegen ihn zu finden. Jesus jedoch beugte sich nur nieder und schrieb mit dem Finger in die Erde. Als sie nicht aufhörten, mit Fragen in ihn zu dringen, richtete er sich auf und sprach: Wer von euch von der Sünde frei ist, der werfe als erster den Stein auf sie. Und wieder beugte er sich nieder und schrieb in die Erde. Als sie seine Worte gehört hatten, gingen sie, zuerst die Ältesten, einer nach dem anderen hinaus. Schließlich blieb er ganz allein zurück, und die Frau stand noch in der Mitte. Da richtete sich Jesus auf und sprach zu ihr: Weib, wo sind sie nun? Verurteilt dich keiner? Sie sprach: Keiner, Herr. Da sprach Jesus: Ich verurteile dich auch nicht. Geh, und sündige von jetzt an nicht mehr![20]

Frau S. hat durch die Arbeit an ihrem eigenen Verständnis von Behinderung allmählich eine Auffassung entwickeln können, die es ihr ermöglicht, sich nicht mehr zurückzuziehen, sondern sich den Hindernissen zu stellen und auf die Menschen zuzugehen, von denen sie Ängste, Unsicherheit und Ablehnung erfährt. Ihr Selbstbewußtsein und ihre Offenheit sind, so sagt sie, auch eine Hilfe für diejenigen, die ihr bisher kritisch gegenüberstanden. Es entwickelten sich erste zaghafte Gespräche und Begegnungen, die die Hoffnung zulassen, daß Frau S. mit ihrem Kind und ihrer Familie wieder Anschluß an die Gemeinde des Dorfes bekommen wird.

Herr und Frau N. leben mit ihrem Kind, das stark autistische Züge hat, in einem Mehrfamilienhaus. Das Kind schreit, wenn es etwas durchsetzen will, markerschütternd. Schon mehrmals kamen Beschwerden von Hausmitbewohnern, die der Familie im ganzen unsicher und ablehnend gegenübertreten.

Frau N. nahm all ihren Mut zusammen und lud im Sommer die ganze Hausgemeinschaft zu einem Gartenfest ein. Auf der Einladung wies sie darauf hin, daß sie dabei ein persönliches Anliegen zur Sprache bringen wolle. Das Fest fand statt, Frau N. erzählte die Geschichte ihres Kindes, berichtete von seinen Ängsten und Nöten, von den daraus entstehenden familiären Problemen und von dem ständigen Druck, gegenüber der Umwelt möglichst unauffällig erscheinen zu wollen.

Die Gäste reagierten dankbar. Auch wenn einige sich daraufhin eher neutral verhielten, begegnen doch andere seither der Familie N. offen und interessiert. Nachzutragen ist noch: Nachdem das Schreien des Kindes an Bedeutung verloren hatte und der Druck gewichen war, wurde auch das Kind bald ruhiger.

Von den Kindern

Und ein Weib, das ein Kind an der Brust hielt, sagte: «Rede uns von den Kindern.»

Und er sprach also:

Eure Kinder sind nicht eure Kinder.

Es sind die Söhne und Töchter von des Lebens Verlangen nach sich selber.

Sie kommen durch euch, doch nicht von euch;

Und sind sie auch bei euch, so gehören sie euch doch nicht.

Ihr dürft ihnen eure Liebe geben, doch nicht eure Gedanken,

Denn sie haben ihre eignen Gedanken.

Ihr dürft ihren Leib behausen, doch nicht ihre Seele,

Denn ihre Seele wohnt im Hause von Morgen, das ihr nicht zu betreten vermöget, selbst nicht in euren Träumen.

Ihr dürft euch bestreben, ihnen gleich zu werden, doch suchet nicht, sie euch gleich zu machen.

Denn das Leben läuft nicht rückwärts, noch verweilet es beim Gestern.

Ihr seid die Bogen, von denen eure Kinder als lebende Pfeile entsandt werden.

Der Schütze sieht das Zeichen auf dem Pfade der Unendlichkeit, und Er biegt euch mit Seiner Macht, auf daß Seine Pfeile schnell und weit fliegen.

Möge das Biegen in des Schützen Hand euch zur Freude gereichen;

Denn gleich wie Er den fliegenden Pfeil liebet, so liebt Er auch den Bogen, der standhaft bleibt.

Kahlil Gibran[21]

II
DER WEG DES KINDES

Bild

Ein Königssohn mußte viele Jahre in der Ferne weilen. Die Sehnsucht aber nach seinen Eltern wurde immer stärker, und er ließ ihnen die Botschaft zukommen, ihm ein Schloß zu bauen, in dem er bei seiner Ankunft regieren könne. Die Eltern erfüllten ihm den Wunsch. Der Königssohn machte sich auf den Weg und stieg von den weiten, hohen, sternumfunkelten Bergen hinab ins Tal. Auf seinem Weg hatte er eine Vision. Er sah sich im finsteren Kerker sitzen, unfähig aufzustehen. Menschen kamen zu ihm und gingen, nur wenige erkannten ihn. Allmählich erhellte sich der finstere Raum, und das Licht strahlte weit in die Umgebung hinein. Später – war es eine Sekunde oder die Ewigkeit – flog er aus dem Kerker hinaus zu den Sternen, begleitet von einem Gefühl unsagbarer Kraft und Seligkeit.

Der Königssohn erschrak vor dieser Vision. Er wurde zaghaft, wollte umkehren, aber der Drang, sein Schloß zu erreichen, war stärker. Endlich kam er an, das Portal öffnete sich, und er betrat den Vorhof. In diesem Moment schlug ein gewaltiger Blitz in das Schloß ein, Mauern stürzten um, Gebälk fiel herab, und um den Königssohn wurde es finster. Seine Eltern aber weinten und schafften Schutt und Trümmer zur Seite, so lange, bis sie ihn fanden. Da hatte alle Trauer ein Ende.

Individualität und Leib

«Alle Seelen stammen von der Sonne.»
Leonardo da Vinci

Im Alltag stehen wir vor dem behinderten Kind; manche erleben es als «anders», es gibt die Unterscheidung «behindert» und «nichtbehindert». Wo sind die Grenzen? Ab wann ist ein Mensch behindert? Haben wir nicht alle unsere ganz persönlichen Behinderungen, die wir nur gut zu verstecken gewohnt sind? Vielleicht sollten wir hier besser von Einseitigkeiten sprechen. Ein Kind mit autistischen Zügen hat es furchtbar schwer, sich mit seinen Mitmenschen in eine Beziehung einzulassen. Wir erleben das als Extrem. Aber gibt es nicht auch Menschen, die als «normal» bezeichnet werden und doch unter massiven Beziehungsproblemen leiden? Wir, die wir uns gesund nennen, tragen alle vielerlei Anlagen und Möglichkeiten in uns, die das sogenannnte «Normale» hinter sich lassen. Eine starke seelische Erschütterung, ein Schock, eine existentielle Krise, eine akute Gefahr können hysterische, überschießende, depressive, panische Reaktionen hervorrufen, wie wir sie bei den Menschen mit einer sogenannten «Behinderung» – ohne uns ersichtliche besondere äußere Anlässe – täglich erleben können.

Im gesunden Zustand ist unser seelisch-geistiges Wesen so sicher im Leib verankert, daß wir den Alltag unauffällig meistern können. Aber es bedarf nicht viel, und auch wir fallen auf.

1. Beispiel:
Ein Motorradfahrer schneidet eine Kurve und prallt frontal auf ein Auto. Er und sein Beifahrer liegen schwer verletzt, aber bei Bewußtsein, am Boden und beobachten, daß der Autofahrer aussteigt, wie verrückt immer wieder um sein Auto herumrennt und «Hilfe, Hilfe!» schreit.

2. Beispiel:
Ein schwer betrunkener Mann sitzt am Stammtisch. Er kann nicht mehr sprechen, sein Lallen bleibt unverständlich. Offensichtlich möchte er trinken, seine Bewegung aber geht immer am Glas vorbei. Den Geräuschen nach, die er nur noch von sich geben kann, ärgert er sich darüber. Kurz darauf fällt er vom Stuhl.

3. Beispiel:
Herr M. ist Rechtsanwalt. Privat ist er Kunstliebhaber. Er reist gerne. Seine Bildung, sein Auftreten, seine aufrechte, selbstbewußt wirkende Gestalt mit einer markanten Physiognomie beeindrucken. Als er Mitte fünfzig ist, fallen ihm plötzlich manche Wörter nicht mehr ein, er wird in kurzer Zeit immer vergeßlicher und kann bald seinen Beruf nicht mehr ausüben. Die Krankheit greift weiter um sich, bis Herr M. nicht mehr sprechen kann und als Pflegefall versorgt werden muß. Tragisch dabei ist, daß er seelische Stimmungen in seiner Umgebung offenbar sehr sensibel wahrnimmt. Ist es hektisch um ihn herum, sprechen die Menschen laut, so bekommt er es mit der Angst zu tun und wimmert vor sich hin, geht man ihm ruhig entgegen, begrüßt ihn freundlich und lädt ihn zum Spaziergang ein, so nimmt er lächelnd diese Seelengeste in gewohnter Vornehmheit an, auch wenn er kein Wort mehr versteht.

Allen diesen Beispielen liegt zugrunde, daß das Verhältnis des Seelisch-Geistigen zum Leiblichen gestört ist.

Bei einem Schock, wie ihn der Autofahrer erlebt hat, geschieht eine plötzliche Lockerung des Seelisch-Geistigen vom Leibe, es findet eine «Verrückung» statt mit den beschriebenen Symptomen.

Der Betrunkene hat sich durch den Alkoholgenuß so vergiftet, daß sein Seelisch-Geistiges sich schließlich nicht mehr im Leib halten konnte und er damit die Kontrolle über das Denken, Sprechen und seine Bewegungen verlor.

Bei Herrn M. hat eine Krankheit den Leib, den man als Instrument der Seele verstehen kann, so verändert, daß sich das Seelisch-Geistige durch ihn nur noch bruchstückhaft zum Ausdruck bringen kann. Die Grundlagen zur verstandesmäßigen Auseinandersetzung mit der Umwelt sind ihm verlorengegangen. Er lebt immer mehr außerhalb seiner selbst als in sich und nimmt, hüllenlos und ungeschützt, wie er ist, alles Atmosphärisch-Seelische um sich herum unmittelbar auf. Da er das Erlebte nicht mehr reflektieren kann, reagiert er mit Seelenregungen, die auf das Elementare reduziert wurden.

Die drei beschriebenen Persönlichkeiten standen alle voll im Leben. Jeder von ihnen kannte in seinen gesunden Zeiten viele Menschen; man wußte etwas von ihrem Wesen, ihren Freuden, Leiden, Schwächen, Vorzügen, Zielen und so fort.

Das beinhaltet eine gewisse natürliche, selbstverständliche Achtung vor dem jeweiligen Menschen, man weiß, wie er eigentlich ist. Diesen Vorteil hat das Kind um so weniger, je früher es behindert wurde, beziehungsweise verhindert wurde, in ein richtiges Verhältnis zu seinem Leib zu kommen. Einem Kind, das bereits behindert auf die Welt kommt, steht der mühsame Weg bevor, sich so in seinen Körper hineinzuarbeiten, daß es durch ihn wenigstens etwas von seiner Individualität zum Ausdruck bringen kann. Oftmals bleibt es noch lange nach seiner Geburt zum großen Teil in seiner leiblichen Peripherie.

Jedes Kind macht als Neugeborenes das Stadium durch, daß der Leib erst allmählich ergriffen, durchdrungen und erobert werden will. Manchmal oder für manchen ist das wahrnehmbar: etwas wie heller Glanz umgibt atmosphärisch das Kind. «Das ist unser Sonnenschein», sagen dann die Eltern. Mit zunehmendem Alter zieht dieser Glanz – der das Seelisch-Geistige ist – in den Leib hinein.

Kinder, die nur unter erschwerten Bedingungen ihren Leib ergreifen können, haben oft diesen Glanz längere Zeit um sich oder auch im Blick.

Zu Beginn meiner heilpädagogischen Ausbildung lernte ich einen damals etwa siebenjährigen Jungen kennen, der aufgrund seiner Hydrozephalie (pathologisch vergrößerter Kopf) nur im Bett liegen konnte. Sein Kopf wirkte im Verhältnis zum Leib riesig. Wenn man zu ihm herantrat, schaute er einen mit seinen großen braunen Augen an und strahlte so, daß es ergreifend war. Er war so bewegungsunfähig, daß er nicht einmal eine Fliege, die auf seiner Nase herumkrabbelte, verscheuchen konnte. Bei alledem war er immer ein freundlicher Mensch, der Güte, Milde und Wärme ausstrahlte.

Noch ein zweites Erlebnis, das mich tief bewegt hat, möchte ich in diesem Zusammenhang schildern. Zu der Gruppe, die ich als Vorpraktikant zu betreuen hatte, gehörte Walter, ein zwölfjähriger Junge mit Down-Syndrom. Jeden Abend brachte ich ihn und die anderen Kinder ins Bett und blieb dann bei jedem Kind noch eine Weile sitzen. Fast ein Jahr hatte ich inzwischen mit diesen Kindern verbracht, als ich mich eines Abends so wie immer zu Walter setzte. Walter konnte nicht sprechen. Er lag da, und plötzlich schaute er mich mit einem Blick an, der unbeschreiblich tief und lieb war. Dieser Blick dauerte nur einen Moment, aber er erschütterte mich so, daß ich mit den Tränen zu kämpfen hatte. Es war, als ob ein Vorhang zur Seite gerissen worden war und die Individualität Walters für einen Augenblick sichtbar wurde.

Damals hatte ich noch keine Begriffe für dieses Erlebnis. Als ich später dann von dem Inkarnationsgedanken – der Inbesitznahme des Leibes durch das seelisch-geistige Wesen – hörte, konnte ich ahnend nachvollziehen, was damit gemeint ist.

Es ist mir wichtig, den Graben, der heute zwischen sogenannten «Gesunden» und sogenannten «Behinderten» noch immer häufig besteht, nicht nur zu überbrücken, sondern ihn gewissermaßen zuzuschütten. Die Erkenntnis ist die Schaufel dazu, das Füllmaterial sind die Tatsachen. Es geht nicht um Glauben, sondern darum, die nicht auf das Physische gerichteten, also übersinnlichen Erfahrungen zu denken. Der Alltag bietet ständig die Möglichkeit einer Überprüfung am Leben.

Die vorgeburtliche Welt

Mit der Geburt wird der Mensch zum Kind. Die Erkenntnis, welche Entwicklung er bis dahin durchgemacht hat, kann zur Erhellung unseres Themas wesentlich beitragen. Wir stützen uns dabei auf die geisteswissenschaftlichen Forschungsergebnisse Rudolf Steiners, die hier jedoch nur knapp wiedergegeben und hauptsächlich im Hinblick darauf skizziert werden, welche Grundlage sie für das Wesensverständnis einer Behinderung darstellen können.

Nach Eintritt des Todes läßt der Mensch seinen physischen Leib zurück. Er zieht sich aus ihm heraus wie der Schmetterling sich aus der Puppe befreit. Das, was im physischen Erdenleben den Leib belebt hatte, der sogenannte Lebensleib oder auch Ätherleib, vollzieht die Loslösung ebenso wie das geistig-seelische Wesen des Menschen. Der Lebensleib, so schildert es Rudolf Steiner, ist unter anderem der Träger und Bewahrer des Gedächtnisses, der Erinnerungen. Im Augenblick des Todes entfaltet sich vor dem Menschen sein Lebenspanorama, in welchem alles, was er erlebt hat, gleichzeitig in einem Bild vor ihm ersteht und «angeschaut» wird.

Dieses Erinnerungstableau wird vielfach von Menschen beschrieben, die sich in akuter Todesgefahr befanden oder bereits als klinisch tot galten, aber wiederbelebt werden konnten. Raymond A. Moody hat in seinem Buch *Leben nach dem Tod*[22] eindrückliche Beispiele solcher Nah-Todeserlebnisse zusammengetragen.

Nach etwa drei Tagen löst sich der Lebensleib auf und damit auch das Rückschau- oder Erinnerungstableau. Einen Erinnerungsextrakt dieses Tableaus nimmt der Mensch mit sich für alle Zukunft. Anschließend durchlebt er als rein geistig-seelisches Wesen sein vergangenes Leben, nun aber in rückwärtiger Folge, vom Sterbezeitpunkt bis zur Geburt. Diese Phase ist voller Entbehrungen, da das Seelische seine Begierden und Leidenschaften noch in sich trägt. Der physische Leib aber, der bis zum Tod immer wieder deren Befriedigungen gewährleistete, ist nicht mehr da, und die Seele muß sich alle die physisch gebundenen Wünsche in einem Läuterungsprozeß abgewöhnen. «Kamaloka» ist der indische Begriff für diese erste Zeit nach dem Tode, als «Fegefeuer» wird sie von der katholischen Kirche bezeichnet. Rudolf Steiner schildert[23], daß der Mensch für dieses Stadium etwa ein Drittel seiner Lebenszeit benötigt. Neben der Läuterung erlebt der Mensch auch, was andere Menschen durch seine Taten erfahren haben. Der Schmerz, den er einem anderen zufügte, wird nun von ihm selbst noch einmal durchlebt, und das beinhaltet den Impuls zu einer Wiedergutmachung, die aber erst in einem weiteren Erdenleben verwirklicht werden kann. Nach der Läuterungszeit kann der Mensch in seinem geistigen Wesenskern, als Ich, mit den Erfahrungsessenzen des vergangenen Lebens seinen Weg durch die geistige Welt antreten.

Dieser Weg führt ihn bei seinem Aufstieg, von der Mondensphäre ausgehend, die der «Ort» der Läuterung war, weiter durch die Planetenwelten von Merkur, Venus, Sonne, Mars, Jupiter und Saturn. Jeder der Planeten vermittelt dem Menschen etwas von seiner spezifischen Eigenschaft. Beim Durchgang durch die Planetensphären erlebt er die Begleitung hoher geistiger Wesen, die ihm helfen, einen ihm gemäßen neuen Leib und ein Schicksalsgefüge für sein kommendes Erdenleben vorzubereiten.

In der Mitte des Weges zwischen Tod und neuer Geburt faßt der Mensch den Entschluß, das neue Erdenleben anzustreben, und nun führt ihn sein Weg durch die Planetensphären wieder zurück bis in die Mondenregion. Die Arbeit des Menschen am geistigen Urbild des physischen Leibes, dem Urbild, das für die ganze Menschheit gültig ist, nimmt einen großen Teil der Zeit des Lebens zwischen Tod und neuer Geburt in Anspruch. Seine individuelle Struktur bekommt das Urbild – Rudolf Steiner spricht in diesem Zusammenhang von Geistkeim – durch das Ich. Das Ich prägt den Geistkeim seinem Schicksal gemäß.

Wiederum mit Hilfe geistiger Wesen entscheidet sich der Mensch für ein Elternpaar, das ihm eine entsprechende Vererbungssubstanz und geeignete Schicksalsvoraussetzungen bietet, und wird zu ihm hingeführt. Findet dann auf der Erde die leibliche Vereinigung der Eltern statt, so geht dem noch himmlischen Menschen der Geistkeim verloren, der sich nun mit dem Vererbungsleib der Eltern verbindet.

Der Mensch bildet sich in dieser Zeit seinen neuen Lebens-leib, der aus dem gesamten Weltenäther herausgezogen wird. In den neuen Lebensleib wird der Extrakt des früheren Le-bensleibes aufgenommen. So trägt man sein Schicksal mit auf die Erde.

Kurz nach Beginn der Schwangerschaft verbindet sich der übersinnliche Mensch mit dem physischen Leibeskeim. Das Mysterium der Inkarnation, der Fleischwerdung des Men-schenwesens beginnt.

Individualität und Behinderung

Langstreckenläufer trainieren gern in unebenem Gelände. Sie planen Hindernisse ein, die das Laufen erschweren, die Ge-schwindigkeit verringern und vermehrten Kraftaufwand er-fordern. Nach einer Zeit solchen Trainings ist die Leistung erheblich verbessert; was früher als schwer empfunden wurde, wird jetzt locker bewältigt. Die Einschränkung trägt die Stei-gerung in sich.

Die Behinderung ist ein schweres Gewicht. Eine Individua-lität, die ihren immer gesunden geistig-seelischen Wesenskern mit einer behinderten Leibeshülle umkleidet, verdient unsere Hochachtung, braucht unseren Schutz, unsere Begleitung und Hilfestellung. Der gesunde Wesenskern des behinderten Men-schen wird sich durch die angeborenen oder erworbenen Hin-dernisse, die sein Leib ihm entgegenstellt, oft seiner selbst nur schwach bewußt. Er erlebt sich mehr von außen als von innen und bezeichnet sich selbst als «du». Die im Leib liegenden

Erkrankungen oder Schädigungen verhindern, daß das Kind ihn seinem Alter gemäß in Besitz nehmen kann – eine Inkarnationsstörung liegt vor.

Als Neuling im Zusammenleben mit Kindern in einer heilpädagogischen Einrichtung mußte ich umdenken lernen, wenn Holger aus meiner Gruppe sagte: «Dieter, an Weihnachten fährst du nach Hause – ja?» Antwortete ich dann, daß dem nicht so sei, daß ich Weihnachten mit den Kindern, die hierbleiben, verbringen würde, reagierte er mit heller Aufregung und wiederholte seinen Satz so oft, bis ich ihm bestätigte, daß *er* nach Hause fahren werde.

Einmal bekam Holger hohes Fieber und sagte plötzlich: «Ich will wieder gesund werden.» Für uns war dies ein beeindruckendes Erlebnis, wie Holger sich durch das Fieber so weit mit seinem Leib verbinden konnte, daß er «ich» zu sich sagte.

Die Begegnung mit der Individualität des behinderten Menschen, die oft nur einen Moment dauernde Wahrnehmung seines Ichs kann Zuversicht vermitteln, Kraft geben und das Interesse für diese Persönlichkeit steigern. Spricht man über ein solches Erlebnis der Begegnung, so ist man leicht verletzbar und pauschalen Urteilen ausgeliefert. Schnell ist die Rede von Einbildung, falscher Interpretation von Wahrnehmungen oder eingebildeter Wunscherfüllung.

Sofern nur der «Defekt» beim behinderten Kind in den Blick gefaßt wird und man durch Testverfahren das zählt und mißt, was als Unvermögen festzustellen ist, entstehen immer noch «Schubladen»-Urteile und festlegende Diagnosen, welche die Biographie in vielen Fällen schon sehr früh in ein bestimmtes Geleise lenken.

Der Mensch als Entwicklungswesen aber trägt immer erstaunliche Möglichkeiten der Wandlung und der Aneignung von Fähigkeiten in sich. Das heißt nicht, daß man aus schwarz weiß machen sollte. Die Tatsache beispielsweise einer Genschädigung oder einer bei der Geburt erlittenen Zerebralschädigung bleibt bestehen. Die eigentliche Frage aber ist: Was macht der Mensch daraus? Wie setzt er sich mit seiner Behinderung auseinander? Was bedeutet die Behinderung für seine Mitmenschen, was geschieht da? Gegen eine Diagnose an sich ist nichts einzuwenden, solange sie nicht als endgültiges Urteil aufgefaßt wird; denn das bringt nur Trauer, Depression und Zukunftsangst mit sich. Wir sahen bereits, die medizinische Diagnose ist eine Seite, die heilpädagogische Diagnose eine andere. Auch wenn die medizinische Diagnose entmutigend ist, birgt eine menschenkundliche Betrachtung des Kindes und seiner Lebenssituation den sofortigen Aufruf zur Tat in sich. Es gibt so unendlich viel zu tun und so viele bewährte therapeutische Möglichkeiten, der Individualität beizustehen, wenn sie sich in ihren Leib hineinkämpft, daß für Hoffnungslosigkeit bald kein Raum mehr ist.

Vom Kind geht immer der Aufruf zur Tat aus.

Der Blick auf die Hintergründe einer Behinderung möchte als Erkenntnishilfe, als Gedankenanregung verstanden werden.

Angekommen und doch nicht da

Für ein Verständnis von Inkarnationsstörungen und den damit verbundenen verschiedenen Verhaltensauffälligkeiten ist es hilfreich, sich mit der von Rudolf Steiner vermittelten Erkenntnis vertraut zu machen, daß der Mensch mit zwölf Sinnen ausgestattet ist.

Vier dieser Sinne bewirken, daß sich der Mensch mit seinem

Leib zunehmend identisch fühlen kann, worauf ich gleich des näheren in der Geschichte von Thomas zu sprechen kommen werde. Diese Sinne sind: *Tastsinn, Lebenssinn, Eigenbewegungssinn* und *Gleichgewichtssinn.*

Weitere vier Sinne: *Geruchssinn, Geschmackssinn, Sehsinn* und *Wärmesinn* lassen den Menschen in eine Wechselbeziehung mit der Umwelt kommen.

Schließlich ist die dritte Gruppe von vier Sinnen ganz auf die Wahrnehmung der Welt ausgerichtet. Beim *Hörsinn* können wir das unmittelbar nachvollziehen. Er steht auch organisch in enger Korrespondenz mit dem Gleichgewichtssinn. Der *Sprachsinn* läßt uns Sprache als solches aus Tönen, Klängen und Geräuschen identifizieren, wobei wir den Inhalt der Sprache noch nicht verstehen. Die Entwicklung des Sprachsinns hängt eng mit der Bewegungsentwicklung zusammen. Den gedanklichen Sinn der Sprache erfassen zu können ermöglicht der *Gedankensinn.* Er steht in engem Zusammenhang mit dem sogenannten Lebenssinn. Der letzte Sinn der dritten Vierer-Gruppe ist der *Ich-Sinn.* Durch ihn werden wir fähig, den anderen Menschen als eine Individualität, als einmaliges Ich wahrzunehmen. Ist die Eigenwahrnehmung durch einen mangelhaft entwickelten, vom Seelisch-Geistigen nicht richtig durchdrungenen Tastsinn abgedämpft, so treten auch Schwächen der Ich-Wahrnehmung am anderen Menschen auf. Besonders kraß kann man das bei Kindern mit autistischen Zügen beobachten. Wenn diese Kinder durch die Therapie sich selbst allmählich über den Tastsinn mehr wahrnehmen, so wächst entsprechend ihre Fähigkeit zur Wahrnehmung des anderen Menschen.

Thomas

Als ich Thomas kennenlernte, war er vier Jahre alt. Seine Eltern berichteten von Schlafrhythmusstörungen, verschiedenen Ängsten, Berührungsempfindlichkeiten und seinem ausgeprägten tyrannischen Verhalten zu Hause, wobei wütende, lang andauernde Schreiattacken die Familie sehr belasteten.

Medizinisch konnte bei Thomas nichts festgestellt werden, was sein Verhalten hätte begründen können.

Obwohl Thomas sprechen konnte, sprach er während unserer gemeinsamen Stunden ca. sechs Monate lang kein Wort mit mir.

Offensichtlich erlebte er alles, was um ihn herum geschah, äußerst intensiv mit. Jedes Geräusch ließ ihn erschrecken. Sein Spielverhalten war sprunghaft, alles lenkte ihn ab, die vielen Eindrücke eines Zimmers zogen ihn alle an. Er konnte sich kaum länger als wenige Minuten mit einer Sache beschäftigen.

Im Bereich des Tastsinnes war Thomas überempfindlich. Nichts faßte er richtig an, alles berührte er nur mit den Fingerspitzen. Versuchte man, ihn zu berühren, reagierte er panisch und schrie.

Der Tastsinn vermittelt uns die Grenze zwischen uns selbst und der Umwelt. Das durch ihn bewirkte Grenzerlebnis verhilft dazu, überhaupt ein Bewußtsein der eigenen Existenz aufrechterhalten zu können. Wenn es dem Seelisch-Geistigen nicht möglich ist, richtig bis in die Peripherie des Leibes durchzudringen – was verschiedene Ursachen haben kann –, so tritt eine Irritation im Bereich des Tastsinnes auf; bei Thomas wirkte sie sich so aus, daß er schnell «grenzenlos» wurde und dabei das Erlebnis hatte, sich selbst zu verlieren. Dieses Gefühl macht Angst. Alles erreichte ihn zu direkt, ging unmittelbar in ihn hinein, und dann entsteht schnell der Eindruck, bedroht zu werden – von Menschen, lauten Geräuschen, von zu vielen gleichzeitigen Sinneseindrücken – zum Beispiel in einem Kaufhaus, Bus oder dergleichen. Es war, als ob Thomas durchlässig sei. Zwar kam er in seinen Leib hinein, rutschte aber auch gleich wieder zu stark aus ihm heraus. Eine solche Inkarnationsstörung muß nicht unbedingt eine organische Ursache haben, sondern kann auf einer – schicksalhaft bedingten – «zu durchlässigen» leiblichen Beschaffenheit oder Konstitution beruhen. Dabei sind verschiedene Abstufungen der irritierten Leib-Umwelt-Wahrnehmung möglich. Auch viele als gesund geltende Menschen kennen von sich die Tendenz, schnell «aushäusig» zu sein; das zeigt sich in harmlosen Erscheinungen wie Konzentrationsstörungen, in der Neigung, alles auf sich zu beziehen, in Ängsten vor allem möglichen und der oft als höchst unangenehm erlebten Fähigkeit, unmittelbar wahrnehmen zu können, was im anderen seelisch vor sich geht. Ist die Konzentrationsschwäche stärker ausgeprägt, erlebt man Phänomene, wie sie in bezug auf Thomas beschrieben wurden.

Es sind bei dieser Art von Entwicklungsstörung auch extreme Verhaltensweisen möglich, bis hin zu autistischen Zügen, bei denen das Ich-Du-Welt-Erleben für den betreffenden Menschen – je nach dem Schweregrad der Störung – nur ganz schwach oder verzerrt wahrnehmbar ist.

Zurück zu Thomas. Sein Tastsinn vermittelte ihm nur ungenügende Sicherheit in seiner individuellen, abgegrenzten Existenz. An diese Feststellung knüpft sich, wieder im Hinblick auf den Sinnesorganismus die Frage, wie er sich in seinem Leib erlebte. Behaglichkeit ist ein wichtiges Erlebnis, um sich mit seinem Leib identisch zu fühlen. Ist dies sein Grundlebensgefühl, so lebt der Mensch harmonisch in sich. Thomas schrie von frühester Kindheit an sehr viel. Vermutlich konnte er sich nie richtig in seiner Leiblichkeit beheimatet fühlen. Die Wahrnehmung der Behaglichkeit ist eine Sinneswahrnehmung, die etwas von den inneren Lebensprozessen «mitteilt». Der dafür zuständige Sinn wird in der anthroposophischen Menschenkunde als Lebenssinn bezeichnet.

Bei Reifungsentwicklungsstörungen des vegetativen Nervensystems kann der Lebenssinn so beeinträchtigt werden, daß das Kind seinen Leib nicht genügend als zu sich gehörig erlebt. Das hat zur Folge, daß ein Fremdheitsgefühl gegenüber dem Leib entsteht, das sich massiv auf die kindliche Entwicklung auswirkt.

Die in dieser Weise reduzierte Eigenwahrnehmung betraf bei Thomas auch die Bewegungsabläufe. Oft machte er fahrige, «undurchdrungen» wirkende Bewegungen, was ein Hinweis darauf sein kann, daß der Sinn für die durchgeführte Bewegung, die Fähigkeit, eigene Bewegungen wahrzunehmen, beeinträchtigt ist. Auch hier haben wir es mit einer Sinnesleistung zu tun – die bewußt erlebten Bewegungsabläufe erfahren wir durch den sogenannten Eigenbewegungssinn.

Schließlich gehört zu dieser Sinnesgruppe noch der Gleichgewichtssinn. Seine Ausbildung bewirkt, daß man sich bei räumlichen und zeitlichen Veränderungen als Individualität nicht verliert, sondern erleben kann, daß man «derselbe» bleibt. Auch in dieser Hinsicht waren bei Thomas Unsicherheiten zu beobachten, die die Identifikation mit seiner Leiblichkeit erschwerten.

Die mangelhafte Ausbildung der – hier nur kurz beschriebenen – sogenannten «unteren» Sinne hatte bei Thomas zur Folge, daß auch seine Denkentwicklung und die Wahrnehmung anderer Menschen beeinträchtigt waren.

In der heilpädagogischen Arbeit mit Thomas ging es vor allem darum, die Nachreifung dieser Sinne anzuregen. Über den Tastsinn versuchten wir, ihm durch Einreibungen, Massagen, Chirophonetik[24] und zunehmende Desensibilisierung seine Leiblichkeit näher zu bringen. Thomas konnte das bald zulassen und war auch bereit, heilpädagogische Übungen mit-zumachen, die besonders auf den Bewegungssinn und Gleich-gewichtssinn ausgerichtet waren.

Das Wohlgefühl, die Behaglichkeit der Leibeswahrnehmung bemühten wir uns allmählich aufzubauen durch einen stren-gen Tagesrhythmus, Bäder, eine auf ihn abgestimmte Ernäh-rung, Aromatherapie und Wärmeanwendungen, vor allem nach den Massagen. Dabei wurde er warm eingepackt und bekam zwei oder drei Wärmflaschen, was er immer sehr gerne hatte.

Zu unserer großen Freude reagierte Thomas gut auf die Be-handlungen und begann auch zu sprechen, wenn er mit mir zusammen war, nachdem er einmal bei einem kleinen Witz von mir, sicher aus Versehen, laut lachen mußte. Als er sich selbst in meiner Gegenwart hörte, war sein Zwang, nicht zu sprechen, aufgelöst, und von da an machte er schöne Fort-schritte.

Das Eselein

Es lebte einmal ein König und eine Königin, die waren reich und hatten alles, was sie sich wünschten, nur keine Kinder. Darüber klagte sie Tag und Nacht und sprach: «Ich bin wie ein Acker, auf dem nichts wächst.» Endlich erfüllte Gott ihre Wünsche; als das Kind aber zur Welt kam, sah's nicht aus wie ein Menschenkind, sondern war ein junges Eselein. Wie die Mutter das erblickte, fing ihr Jammer und Geschrei erst recht an, sie hätte lieber gar kein Kind gehabt als einen Esel und sagte, man solle ihn ins Wasser werfen, damit ihn die Fische fräßen. Der König aber sprach: «Nein, hat Gott ihn gegeben, soll er auch mein Sohn und Erbe sein, nach meinem Tod auf dem königlichen Thron sitzen und die königliche Krone tragen.» Also ward das Eselein aufgezogen, nahm zu, und die Ohren wuchsen ihm auch fein hoch und gerad hinauf. Es war aber sonst fröhlicher Art, sprang herum, spielte, und hatte besonders seine Lust an der Musik, so daß es zu einem berühmten Spielmann ging und sprach: «Lehre mich deine Kunst, daß ich so gut die Laute schlagen kann als du.» – «Ach, liebes Herrlein», antwortete der Spielmann, «das sollt Euch schwerfallen, Eure Finger sind nicht allerdings dazu gemacht und gar zu groß; ich sorge, die Saiten halten's nicht aus.» Es half keine Ausrede, das Eselein wollte und mußte die Laute schlagen, war beharrlich und fleißig und lernte es am Ende so gut als sein Meister selber.

Einmal ging das junge Herrlein nachdenksam spazieren und kam an einen Brunnen, da schaute es hinein und sah im spiegelhellen Wasser seine Eseleinsgestalt. Darüber war es so betrübt, daß es in die weite Welt ging und nur einen treuen Gesellen mitnahm. Sie zogen auf und ab, zuletzt kamen sie in ein Reich, wo ein alter König herrschte, der nur eine einzige, aber wunderschöne Tochter hatte. Das Eselein sagte: «Hier wollen wir weilen», klopfte ans Tor und rief: «Es ist ein Gast haußen, macht auf, damit er eingehen kann.» Als aber nicht aufgetan ward, setzte er sich hin, nahm seine Laute und schlug sie mit seinen zwei Vorderfüßen aufs lieblichste. Da sperrte der Türhüter gewaltig die Augen auf, lief zum König und sprach: «Da draußen sitzt ein junges Eselein vor dem Tor, das schlägt die Laute so gut als ein gelernter Meister.» — «So laß mir den Musikant hereinkommen», sprach der König. Wie aber ein Eselein hereintrat, fing alles an über den Lautenschläger zu lachen. Nun sollte das Eselein unten zu den Knechten gesetzt und gespeist werden, es ward aber unwillig und sprach: «Ich bin kein gemeines Stalleselein, ich bin ein vornehmes.» Da sagten sie: «Wenn du das bist, so setze dich zu dem Kriegsvolk.» — «Nein», sprach es, «ich will beim König sitzen.» Der König lachte und sprach in gutem Mut: «Ja, es soll so sein, wie du verlangst, Eselein, komm her zu mir.» Danach fragte er: «Eselein, wie gefällt dir meine Tochter?» Das Eselein drehte den Kopf nach ihr, schaute sie an, nickte und sprach: «Aus den Maßen wohl, sie ist so schön, wie ich noch keine gesehen habe.» — «Nun, so sollst du auch neben ihr sitzen», sagte der König. «Das ist mir eben recht», sprach das Eselein und setzte sich an ihre Seite, aß und trank und wußte sich fein und säuberlich zu betragen. Als das edle Tierlein eine gute Zeit an des Königs Hof geblieben war, dachte es ‹Was hilft das alles, du mußt wieder heim›, ließ den Kopf traurig hängen, trat vor den König und verlangte seinen Abschied. Der König hatte es aber liebgewonnen und sprach: «Eselein, was ist dir? du schaust ja sauer wie ein Essigkrug; bleib bei mir, ich will dir geben, was du verlangst. Willst du Gold?» — «Nein», sagte das Eselein und schüttelte mit dem Kopf.

«Willst du Kostbarkeiten und Schmuck?» — «Nein.» —
«Willst du mein halbes Reich?» — «Ach nein.» Da sprach
der König: «Wenn ich nur wüßte, was dich vergnügt machen könnte; willst du meine schöne Tochter zur Frau?» —
«Ach ja», sagte das Eselein, «die möchte ich wohl haben»,
war auf einmal ganz lustig und guter Dinge, denn das
war's gerade, was es sich gewünscht hatte. Also ward
eine große und prächtige Hochzeit gefeiert. Abends, wie
Braut und Bräutigam in ihr Schlafkämmerlein geführt
wurden, wollte der König wissen, ob sich das Eselein auch
fein artig und manierlich beträge, und hieß einen Diener
sich dort verstecken. Wie sie nun beide drinnen waren,
schob der Bräutigam den Riegel vor die Türe, blickte sich
um, und wie er glaubte, daß sie ganz allein wären, da warf
er auf einmal seine Eselshaut ab und stand da als ein
schöner, königlicher Jüngling. «Nun siehst du», sprach er,
«wer ich bin, und siehst auch, daß ich deiner nicht unwert
war.» Da ward die Braut froh, küßte ihn und hatte ihn von
Herzen lieb. Als aber der Morgen herankam, sprang er
auf, zog seine Tierhaut wieder über, und hätte kein
Mensch gedacht, was für einer dahintersteckte. Bald kam
auch der alte König gegangen. «Ei», rief er, «ist das Eselein schon munter! Du bist wohl recht traurig», sagte er zu
seiner Tochter, «daß du keinen ordentlichen Menschen
zum Mann bekommen hast?» — «Ach nein, lieber Vater, ich
habe ihn so lieb, als wenn er der Allerschönste wäre, und
ich will ihn mein Lebtag behalten.» Der König wunderte
sich, aber der Diener, der sich versteckt hatte, kam und
offenbarte ihm alles. Der König sprach: «Das ist nimmer-
mehr wahr.» — «So wacht selber die folgende Nacht, Ihr
werdet's mit eigenen Augen sehen, und wißt Ihr was,
Herr König, nehmt ihm die Haut weg und werft sie ins
Feuer, so muß er sich wohl in seiner rechten Gestalt zei-

gen.» – «Dein Rat ist gut», sprach der König, und abends, als sie schliefen, schlich er sich hinein, und wie er zum Bett kam, sah er im Mondschein einen stolzen Jüngling da ruhen, und die Haut lag abgestreift auf der Erde. Da nahm er sie weg und ließ draußen ein gewaltiges Feuer anmachen und die Haut hineinwerfen und blieb selber dabei, bis sie ganz zu Asche verbrannt war. Weil er aber sehen wollte, wie sich der Beraubte anstellen würde, blieb er die Nacht über wach und lauschte. Als der Jüngling ausgeschlafen hatte, beim ersten Morgenschein, stand er auf und wollte die Eselshaut anziehen, aber sie war nicht zu finden. Da erschrak er und sprach voll Trauer und Angst: «Nun muß ich sehen, daß ich entfliehe.» Wie er hinaustrat, stand aber der König da und sprach: «Mein Sohn, wohin so eilig, was hast du im Sinn? Bleib hier, du bist ein so schöner Mann, du sollst nicht wieder von mir. Ich gebe dir jetzt mein Reich halb, und nach meinem Tod bekommst du es ganz.» – «So wünsch ich, daß der gute Anfang auch ein gutes Ende nehme», sprach der Jüngling, «ich bleibe bei Euch.» Da gab ihm der Alte das halbe Reich, und als er nach einem Jahr starb, hatte er das ganze, und nach dem Tode seines Vaters noch eins dazu und lebte in aller Herrlichkeit.

Brüder Grimm[25]

Märchen als Wahrbilder

Märchen werden verschieden aufgefaßt. Nimmt man ihre Bildersprache wörtlich, so liegt es nahe, daß sich Widerstände regen, sie Kindern zu erzählen. Man beurteilt ihre Inhalte dann als grausam und schrecklich.

Eine andere Ebene, auf der Märchen heute ernst genommen werden, ist die Psychologie. Sie versteht Märchen als Seelenbilder, die, besonders in Krisensituationen, als Arbeits- und Selbsterkenntnisinhalte verwendet werden können. Damit allein läßt sich das Wesen des Märchens aber nicht erfassen. Beschäftigt man sich mit dem Ursprung der Märchen, wie es Friedel Lenz in ihrem Buch *Bildsprache der Märchen*[26] darstellt, so wird deutlich, daß sie in die Zeit zurückführen, als der Mensch seine einstmals selbstverständliche Verbindung mit dem Geist in seinem Leben und in der Natur allmählich verlor. Übrig blieb die «Mär», die Kunde, die von Generation zu Generation weitererzählt wurde. Im Märchen werden geistige Tatsachen bildhaft dargestellt, geschöpft aus einer alten Hellsichtigkeit.

Auf der Grundlage von Erkenntnissen der anthroposophischen Geisteswissenschaft können Auslegungen der Märchenbilder entwickelt werden, die nicht auf Phantasie oder willkürlicher Interpretation beruhen.

Auf die vielen Details des Märchens und ihre Bedeutung kann hier nicht eingegangen werden. Wichtig für unseren Zusammenhang ist die Ausführung von Friedel Lenz, die das Eselein in Verbindung mit dem physischen Leib bringt, der uns durchs Leben trägt.

Im Märchen wird der Leib als Hülle dargestellt, die jede Nacht abgelegt und am Morgen wieder bezogen wird. Dieses

Bild für den Exkarnations- und Inkarnationsprozeß gilt nicht nur für Tod und Geburt, sondern auch für Schlafen und Wachen. In der Nacht ist das Seelisch-Geistige, befreit vom Leib, in seiner himmlischen Heimat. Morgens aber taucht es wieder in seinen Leib ein, der auch die tierhafte Natur in sich trägt. Das Märchen schildert den Vorgang der Wandlung und Überwindung der tierischen Hülle, bis am Schluß der Mensch erscheint.

Dieses Wahrbild hat eine Bedeutung für alle Menschen, und wir gehen sicher nicht zu weit, wenn wir das Eselein als Maske auffassen, ähnlich einer Behinderung. Ringt sich der behinderte Mensch durch dieses – um bei dem Bild zu bleiben – Eselsschicksal hindurch, so erscheint schließlich sein geistiger Wesenskern. Die hindernde Hülle wird abgelegt, sie verbrennt. Letztendlich kann sie den sieghaften Geist nicht für immer fesseln, sondern trägt zu seiner Vervollkommnung bei.

Kann der Erwachsene ein Märchen erzählen, eben mit dieser inneren Haltung, daß er dadurch geistige Inhalte vermittelt, so verlieren die Märchen ihre – wenn man sie wörtlich nimmt – grausamen Seiten. Kindern fällt der Zugang zur Märchenbilderwelt leichter als uns intellektuell geprägten Erwachsenen. Oft verlangen Kinder, daß man ihnen dasselbe Märchen immer wieder erzählt; darin spiegelt sich ihr natürliches Bedürfnis nach einem Brückenschlag zu der Welt wider, aus der sie vor nicht langer Zeit zu uns gekommen sind.

Gerade das Kind mit einer Behinderung lebt stark in diesen Märchenbildern und kann durch sie eine ähnliche Unterstützung erfahren, wie sie sonst nur religiöse Inhalte vermitteln.

III
DER GEMEINSAME WEG

Frau M. erzählt: Inga

Inga ist jetzt sechzehn Jahre alt und mehrfach schwerstbehindert. Sie war von Geburt an ein gesundes, fröhliches Baby, aber mit neun Monaten wäre sie beinahe an einer vom Arzt nicht rechtzeitig erkannten Meningitis und Enzephalitis gestorben. Sie hat eine schwere Gehirnverletzung davongetragen und mußte alles wieder neu lernen: den Kopf halten, sitzen, sehen, essen, trinken ... Beim Laufen und Sprechen kam dann ein unbarmherziges *Stop*; laufen kann sie trotz intensivster therapeutischer Bemühungen nur mit Hilfe ein wenig und sprechen überhaupt nicht mehr – abgesehen vom Lautieren einiger Buchstaben. Inga ist insgesamt auf der Stufe eines etwa anderthalbjährigen Kindes stehengeblieben.

Wir befanden uns nach ihrer Erkrankung völlig unvorbereitet in einer unfaßbaren Katastrophe. Ein schwerstbehindertes Kind lag völlig jenseits meines Fassungsvermögens. Ich hatte gedacht, daß Inga entweder gesund wird oder stirbt – etwas so abgrundtief Furchtbares, daß ein Mensch sein Leben lang an einen kaum noch funktionierenden Körper gebunden ist, konnte ich in meiner Vorstellung einfach nicht zulassen. Und doch war es so, und es hatte nicht irgend jemanden getroffen, sondern uns, vor allem auch mich, die ich von Anfang an doch eine hingebungsvolle Mutter gewesen war.

Der Gedanke, der mich in dieser Lage rettete und der mir all die Jahre seitdem Kraft gegeben hat, war der Rat eines Freundes: «Betrachte deine Tochter nicht als krank, identifiziere sie nicht mit ihrem Körper – vergegenwärtige dir, so oft du kannst, ihr innerstes, unzerstörbares Wesen, ihr höheres Selbst, den Christus in ihr. Wenn du sie auf dieser Ebene ansprichst, gibst du ihren heilen Qualitäten auch die Chance, sich auf der physischen Ebene wieder zu manifestieren.» Ich übte diesen Blickwinkel ein und merkte, daß er auch mir selbst und den Menschen, mit denen ich zu tun hatte, zugute kam.

Trotzdem war es jetzt natürlich notwendig, auf allen Ebenen unser Leben neu zu finden und zu gestalten. Zum Beispiel mußten die Fragen nach Therapien, nach Berufstätigkeit, nach der Rolle des gesunden Geschwisterkindes – in dem Fall unser dreijähriges Söhnchen – geklärt werden, und vor allem tat sich die Frage nach der Kraft auf. Woher die Kraft nehmen, das Geschehene zu verarbeiten, das Gegenwärtige auch nur auszuhalten: Die zu Ingas Schwerstbehinderung noch dazukommenden ständigen Infektionskrankheiten, die chronische Bronchitis und das damit verbundene häufige Gebrüll auch nachts, folglich der permanente Mangel an Schlaf und an gesicherten Ruhepausen, der nervende Kampf mit den Ämtern, der Druck der Therapeutenrolle, die sich mir immer mehr wie ein Korsett überstülpte und unser Leben immer mehr bestimmte. Die Therapien und die konzentrierte Aufmerksamkeit, die Hoffnung und Zielgerichtetheit, die damit verbunden sind, haben zweifelsohne eine gute Wirkung auf das Kind, soweit es auch seelisch mitgehen kann und nicht zu einem Computer degradiert wird. Auch die Seele eines behinderten Kindes möchte leben und nicht verdursten. Inga hat uns jedenfalls diesen Weg gezeigt, indem sie ein Zuviel an Therapie und auch die für sie falsche Therapie strikt und konsequent ablehnte. Trotzdem habe ich längere Zeit unter der Last der Verantwortung gelitten, Inga so weit als möglich wieder «gesundtherapieren» zu müssen. Dieser Wettlauf mit der Zeit, den wir ohnehin nicht gewinnen konnten, raubte mir viel von der mütterlichen Kraft, dem spontanen Fließen des Herzens und der damit verbundenen Lebensfreude. Bald wurde mir klar, daß für Ingas Entwicklung das Fließen dieser Kraft mindestens genauso wichtig war wie die Therapien, daß sie genau darauf reagierte, ob man ihr mit ganzem Herzen entgegenkam oder nicht, und daß ich diesem Geschehen und den ganz normalen Lebensabläufen einer Familie mit kleinen Kindern wieder mehr Raum geben mußte – ganz abgesehen davon, daß unser kleiner Sohn dies auch dringend brauchte.

Ich habe dann versucht, die Akzente so zu setzen, daß das Thema «Lebensfreude für alle» soweit wie möglich in den Mittelpunkt rückte. Unser Sohn hat uns diesen Schritt gedankt. Von Anfang an ein harmonisches Kind, entwickelte er sich trotz dieses Schicksalsschlages zu einem zufriedenen, fröhlichen, intelligenten und sozialen jungen Menschen. Und auch für Inga war es wohl der richtige Weg. Sie entwickelte im großen und ganzen ein ausgeglichenes Wesen, Vertrauen in ihre Umwelt und ihre Mitmenschen, Liebe und manchmal sogar Begeisterung.

Was mich betrifft, so konnte ich bei diesen Prozessen lernen, klarer mit meiner Kraft umzugehen, Wesentliches von Unwesentlichem zu unterscheiden. Die Kostbarkeit des Lebens wurde mir sehr bewußt.

Auf dem Weg der ausschließlichen Therapie, wie er von einige Therapeuten vertreten wird, hätten wir alle seelische Fehlentwicklungen erlitten, außerdem ist dieser extreme Weg ohne einen ganzen Stab von freiwilligen Mitarbeitern ohnehin nicht zu schaffen. Die tausend Handgriffe, die keiner bemerkt, einfach so nebenbei, der ständige Verzicht auf Hobbys, auf die Teilnahme am gesellschaftlichen Leben, Besuche, Ferien, Beruf, gesellschaftliche Anerkennung, all das zehrt im Lauf der Zeit ohnehin schon gewaltig an der Substanz, und so war und ist auch unser Leben mit Inga trotz der erwähnten positiven Akzentuierung immer noch so schwer, daß ich oft über die Grenzen meiner Leistungsfähigkeit hinaus gefordert wurde und werde.

Als Inga fünf Jahre alt war, wurde die Frage der Heimunterbringung öfters an mich herangetragen. Wohlmeinende Menschen waren der Ansicht, daß Inga in einem Heim doch optimal gefördert würde, unter ihresgleichen Gesellschaft hätte und daß wir zu Hause ohne die schwere Last von Inga doch ein menschenwürdigeres Leben hätten. Vor allem ich als Mutter könnte endlich meinem Beruf nachgehen, mich selbst verwirklichen und hätte mehr Zeit für den Rest der Familie. Meine Antwort war immer dieselbe: Auch oder gerade behinderte Kinder haben ein Recht auf eine gute Geborgenheit in der eigenen Familie, bis sie erwachsen sind. Seine gesunden Kinder gibt man ja auch nicht einfach ab in ein Heim, damit man zu Hause mehr Freizeit und mehr Vorteile hat.

Sicher ist es wichtig, daß der Behinderte ab dem Erwachsenenalter eine gute Gemeinschaft in einem passenden Heim findet. Sicherlich gibt es Familiensituationen, die ein schwerstbehindertes Kind einfach nicht verkraften; vor ein paar Jahren habe ich gelesen, daß ca. siebzig Prozent aller Ehen in Familien mit behinderten Kindern an der zu schweren Last der Umstände zerbrechen. In vielen dieser Fälle mag das Heim für alle Beteiligten die bessere Lösung oder sogar ein Segen sein. Grundsätzlich aber bin ich der Ansicht, daß ein auch nur einigermaßen gutes Familienleben für ein Kind durch nichts, auch nicht durch das schönste Heim, zu ersetzen ist.

Gott sei Dank gibt es inzwischen manche Hilfen, die einem den Weg erleichtern: Die netten Zivis vom familienentlastenden Dienst, die Schulen, die Kurzzeitpflegeheime, Behindertenverbände, Pflegegeld und Rente – zumindest ein bißchen Anerkennung gesellschaftlicher Art ist inzwischen vorhanden (was nicht heißt, daß man uns Eltern den Respekt und die Achtung entgegenbringt, die angemessen wären). Von diesen Hilfen erfuhren wir jedoch nur durch Eigeninitiative und Zufall, weder durch die von unserer Lage wohl wissenden Behörden noch durch einen einzigen Arzt. Aufgrund dessen bekamen wir, obwohl wir es bitter nötig hatten, etwa anderthalb Jahre lang kein Pflegegeld. Insgesamt ist es für Außenstehende wirklich kaum vorstellbar, auf wieviel Eltern schwerbehinderter Kinder verzichten, was sie seelisch und körperlich aushalten müssen, ohne daß man ihnen dafür Achtung und Respekt entgegenbringt, geschweige denn, daß sie dafür Vorteile oder Anerkennung ernten. Nur bedingungslose Liebe macht zu einem solchen Leben fähig, eine Liebe, die in unserer zunehmend zweck- und leistungsorientierten Welt zusehends zu verschwinden scheint. Der Dialog mit einem behinderten Kind kann nach meiner Erfahrung diese bedürfnislose Liebe hervorbringen, eigentlich das Wichtigste im Leben, das, was einen im Innern wirklich glücklich macht.

Rückblickend kann ich sagen: Unser Leben mit Inga war gut. Sie hat uns vieles gelehrt, und sie hat uns unendlich viel Liebe und Freude geschenkt.

Begegnungen

Viele Mütter, manchmal auch Väter, haben Begegnungserlebnisse mit ihrem ungeborenen Kind.

Ein Vater erzählt:

«Im Traum war ich im Untergeschoß eines Hauses, das an einem Berg lag. Die Umgebung bestand nur aus Felsen und wenigen kargen Grünflächen. Ich schaute aus dem Fenster und sah, wie sich ein mächtiger Felsbrocken löste und zu Tal rollte.

Plötzlich kam aus der Ferne eine Menschengestalt herbeigeflogen, ein Mann, um die 34 Jahre alt, der ein weißes Gewand anhatte. Er flog unmittelbar auf mich zu, winkte mir freundlich und verschwand wieder im Himmel.

Unmittelbar darauf erwachte ich und wußte, daß ein weiteres Kind zu uns kommen wollte. Kurz darauf wurde meine Frau schwanger.»

Eine Mutter erzählt:

«Von Beginn der Schwangerschaft an lebte ich mit einem bedrückenden, ängstlichen Gefühl, das ich mir rational nicht erklären konnte. Dann hatte ich einen Traum, in dem ich ein Stück Holz zur Welt brachte, das nur in groben Umrissen eine menschliche Gestalt zeigte. Seither wußte ich, daß ich ein behindertes Kind zur Welt bringen würde.»

Mit psychologischen Erklärungsversuchen kommen wir bei diesen Phänomenen an eine Grenze. Beklemmende Gefühle, belastende Ahnungen und beeindruckende Träume weisen auf eine Beziehung zu dem ungeborenen Kind hin. Rudolf Steiner beschreibt, wie sich der Mensch, der auf die Welt kommen möchte, vom Zeitpunkt der Empfängnis an im nahen Umkreis der Mutter befindet. Diese Tatsache wird häufig von Frauen schon erlebt, wenn physisch noch keine sicheren Schwangerschaftsanzeichen bestehen. Die Wahrnehmung dieser Art von Wesensbegegnung wird nicht bewiesen werden können, hat aber als seelische Tatsache eine große Bedeutung. Mehrmals haben mir Mütter berichtet, daß sie durch solche Begegnungen vorbereitet waren auf ihr Kind, das behindert geboren wurde.

Das Schicksal, ein Leben als behinderter Mensch vor sich zu haben, ist für das ungeborene Kind schon früh eine Gewißheit. Rudolf Steiner schildert, wie der Mensch vor seiner Verkörperung eine Vorschau auf sein kommendes Leben hat, und kommt in diesem Zusammenhang dann auch auf Behinderungen zu sprechen:

«Nun kommt ein außerordentlich wichtiger Moment, ebenso wichtig wie der Moment nach dem Tode, wo man sein ganzes vergangenes Leben als Erinnerungsbild sieht. Wenn der Mensch in seinen Ätherleib hineinschlüpft und noch nicht den physischen Leib hat – es ist dies nur ein kurzer Moment, aber von höchster Wichtigkeit –, da hat er eine Vorschau auf das nächste Leben; nicht auf alle Einzelheiten, es ist nur ein Überblick über all das, was ihm bevorsteht im künftigen Leben. Da kann er sich sagen – er vergißt es wieder bei der Einkörperung –, er hat vor sich ein glückliches oder ein unglückliches Leben. Nun kommt es vor, wenn ein Mensch viele schlimme Erfahrungen im früheren Leben gemacht hat, daß er einen Schock bekommt und nicht hinein will in den physischen Leib. Das kann bewirken, daß er wirklich nicht ganz hineinrückt in denselben und so die Verbindung nicht ganz hergestellt ist zwischen den verschiedenen Leibern. Das ergibt dann Idioten[27] in diesem Leben. Es ist das nicht immer der Grund zur Idiotie, doch häufig. Die Seele sträubt sich gleichsam, physisch verkörpert zu werden. Ein solcher Mensch kann sein Gehirn nicht richtig gebrauchen, weil er nicht richtig hineingeschaltet ist. Nur wenn der Mensch sich richtig hineingebären läßt in sein physisches Werkzeug, kann er es richtig gebrauchen.»[28]

Diese Vorschau verstehe ich als unmittelbare Konfrontation zukünftiger biographischer Ereignisse mit dem vor der Kindwerdung stehenden geistig-seelischen Wesen des Menschen. Auch wenn die Vorschau dann wieder vergessen wird, ist es denkbar, daß eine Grundlebensstimmung als Extrakt von ihr erhalten bleibt und während der Schwangerschaft, während der intensiven, engen Beziehung der Mutter zu ihrem Kind von ihr mehr oder weniger bewußt mitempfunden wird. Schon in dieser Phase, wo Begegnungen zwischen Mutter oder Vater und Kind in verschiedener Weise möglich sind, kündigt sich oft das besondere Schicksal des Kindes an, das dann auch zum Schicksal seiner Mutter und seines Vaters wird.

Das physische Geschehen, die äußeren Ereignisse und biographischen Daten des Kindes können, als Phänomene betrachtet, bereits manches aussagen. Die Hinzunahme der geistigen Hintergründe bringt erst, bildhaft gesprochen, zum Blick auf die Noten auch die gehörte Musik, deren Dur- und Moll-Stimmungen sich abwechseln werden.

Wir schauten auf den Weg des Kindes und den Weg der Eltern. Der gemeinsame Weg kann nebeneinander oder miteinander bewältigt werden.

Manchmal leiden Mütter oder Väter darunter, daß sie ihr Kind emotional noch nicht wirklich annehmen können. Sie tun ihr Bestes für das Wohl des Kindes, aber ständig erleben sie zwischen sich und dem Kind eine Distanz, die ein schlechtes Gewissen schafft. Das wird besonders mit Kindern erlebt, die von Geburt an Beziehungsprobleme mitbringen. Die Eltern fühlen sich von ihnen nicht wahrgenommen, und ihre Zuwendung, so erleben sie es, verschwindet in einem Nichts. Das Gefühl des Nebeneinanderlebens tritt auf, die sonst natürliche innige Verbindung zwischen Eltern und Kind bleibt aus, und das schmerzt. Zum Schmerz gesellen sich oft Wut und Verzweiflung, was letzten Endes wieder in schlechtem Gewissen mündet. Frau S., Mutter eines dreijährigen Mädchens – Sophia – mit schwer autistischen Zügen, litt furchtbar darunter, daß sie keine wirkliche Beziehung zu ihrer Tochter bekam. Sie fühlte sich abgelehnt und nur dazu gut, die Bedürfnisse des Kindes zu befriedigen. Sophia reagierte auf Zuwendung, vor allem körperliche, panisch, und schrie so lange schrill, bis man sie wieder in Ruhe ließ. Die direkte, unmittelbare Begegnung, das Erlebnis, daß ein Mensch auf sie zukam, hielt Sophia nicht aus. Frau S. bekam als Aufgabe, zu Hause mit Sophia zu sprechen, ohne ihr zu nahe zu treten. Sie sollte darauf achten, die direkte Konfrontation zu vermeiden und statt dessen viel von hinten zu Sophia sprechen.

Die täglich notwendigen pflegerischen Verrichtungen gingen so lange gut, wie sie ihren zweckgebundenen Charakter behielten. Das heißt, Waschen und Wickeln waren möglich, solange keine zusätzliche persönliche Zuwendung in Form von Streicheln, Ins-Ohr-Flüstern oder ähnliches geschah. Das Pflegerische wurde nun insofern erweitert, als Frau S. Sophia zweimal täglich nach dem Waschen einölte. Zuerst nur die Hände, dann die Arme, später die Füße, Beine und so weiter, bis es möglich war, das ganze Kind einzuölen. Auch hierbei konnte der objektive Charakter beibehalten werden. Besonders an den Füßen und am Rücken reagierte Sophia äußerst empfindlich und versuchte sich anfangs wegzudrehen, aber Frau S. blieb mit innerer Ruhe und Geduld dabei, immer wieder diese Anwendung durchzuführen. Für Sophia war es neu, ausgehend von ihrem Tastsinn, während der Einölungen sich immer mehr selbst zu spüren. Für Frau S. war es eine besondere Erfahrung, in dieser Weise engen körperlichen Kontakt zu ihrem Kind aufbauen zu können, der allmählich immer selbstverständlicher wurde. Durch diese Arbeit am Tastsinn nahmen Sophias Berührungsängste ab, und nach ein paar Monaten waren wir so weit, daß Frau S. die Chirophonetik einsetzen konnte. Auch hier war ein objektives Vorgehen gewährleistet, und Sophia ließ es sich gern gefallen.

Die ersten – nun subjektiv geprägten – Berührungen ließ Sophia in Spielsituationen zu, wenn es darum ging, auf dem Boden einem Ball nachzukrabbeln. Was anfangs noch eher «zufällige» Berührung war, konnte mit der Zeit immer gewollter werden, und Frau S. erlebte, wie sich bei Sophia die schreckliche Angst vor Begegnung immer mehr auflöste. Es war für Frau S. deutlich zu erkennen, daß Sophias bisherige Ablehnung nicht persönlich gemeint gewesen war, sondern auf existentiellen Ängsten beruhte. Deren Ursache lag in einer mangelhaften Sinnesausreifung und der damit verbundenen zu schwachen Möglichkeit des Ichs, sich mit dem Leib zu identifizieren. Sophia hatte das ständige Problem, sich durch die von außen auf sie zukommenden Sinneseindrücke überwältigt zu fühlen, und konnte daher nur ablehnend reagieren.

Frau S. fühlte sich zunehmend von Sophia wahrgenommen und lernte ihr Kind von einer ganz neuen Seite kennen. Die bei Sophia noch immer vorhandenen Zwänge, wie das Beißen in Kleider und Polster oder ständiges Drehen von allen möglichen Gegenständen, waren für Frau S. und ihren Mann leichter zu ertragen, seit Sophia hin und wieder den Vorhang ihrer Behinderung zur Seite schieben konnte und ihre Persönlichkeit wahrnehmbar wurde. Aus dem Nebeneinander kann jetzt ein Miteinander werden.

Eltern helfen Eltern

Es wäre meiner Ansicht und Erfahrung nach gut, wenn Eltern noch viel stärker in die Öffentlichkeit gehen könnten als bisher geschehen, auch um anderen Hilfestellungen anzubieten. Warum sollte es neben den professionellen Beratungs- und Therapieeinrichtungen nicht auch vermehrt Stellen geben, wo Eltern aus ihrer Erfahrung anderen Eltern raten und ihnen zur Seite stehen? Das könnte natürlich auch im Rahmen einer bestehenden Beratungspraxis entstehen.

Die Eltern-zu-Eltern-Gespräche könnten die Arbeit mit

medizinisch, psychologisch und therapeutisch geschulten Fachkräften ergänzen durch persönliche Erfahrungen, und dies hat eine völlig andere Qualität als das Gespräch mit Fachleuten.

Eigentlich sollten in allen Kinderkliniken und Kinderarztpraxen Prospekte ausliegen, die auf derartige Möglichkeiten hinweisen. Die Finanzierung solcher Beratungsgespräche könnte ein Anliegen von entsprechenden Fördervereinen werden oder auf Spendenbasis beruhen. Wichtig wäre die Unabhängigkeit von staatlichen Geldern, da die Anträge, Formulare, Bittgänge und Wartezeiten bis zur Kostenübernahme nach unserer Erfahrung schon längst das zumutbare Maß überschritten haben.

Solche Elternberatungsstellen könnten auch Zentren werden für Elternbegegnungen. Hier könnten über ein Schwarzes Brett oder ein regelmäßig erscheinendes Info-Blatt Auskünfte oder Anfragen bekannt gemacht werden in bezug auf Babysitter, gemeinsame Ausflüge, Urlaubserfahrungen, rechtliche Fragen und Hilfestellungen, Veranstaltung von Seminaren und ähnliches mehr.

Wir sind in unserer Praxis oft erschüttert darüber, wie wenig Information Eltern darüber haben, welche Rechte ihnen zustehen, wenn sie ein Kind mit Behinderung haben. Eine «Eltern-helfen-Eltern»-Einrichtung könnte, eventuell im Zusammenhang mit Behindertenverbänden dort, wo es noch Lücken gibt, Informationsbroschüren herausgeben, die in zusammengefaßter Form auf Möglichkeiten hinweisen, wie Pflegegeld, Kostenübernahme heilpädagogischer Maßnahmen durch das Bundessozialhilfegesetz oder Kinder- und Jugendhilfegesetz, Kassenleistungen und anderes.

Darüber hinaus wäre eine Orientierungshilfe zu den verschiedenen therapeutischen Angeboten sinnvoll. Was ist Ergotherapie, Logopädie, Heilpädagogik? In welchen Fällen wendet man sich am besten an diese oder jene Beratungsstelle?

Vielleicht könnten «Eltern-helfen-Eltern»-Stellen Keimpunkte werden für ein neues Selbstbewußtsein, das auch durch Öffentlichkeitsarbeit und Aktionen gegen leider oft zu erlebende Behördenwillkür sich Ausdruck verschaffen kann.

Heimunterbringung – Chance für einen Neuanfang

Nicht immer verläuft die Entwicklung des Kindes günstig. Manche Eltern leben jahrelang mit ihren Kindern zusammen, ohne sichtbare Fortschritte feststellen zu können. Bei schwerbehinderten Kindern, die sich kaum äußern können, sind die Eltern im höchsten Maß gefordert, oft Tag und Nacht. Die ständig erforderliche Gegenwart eines Menschen, die geringe Hoffnung auf eine wesentliche Besserung des Zustandes und die häufig entstehende soziale Isolation bringen Mütter und Väter physisch und psychisch, auch in ihrer Ehe oder Partnerschaft, an äußerste Grenzen. Sind Geschwisterkinder von einer solchen chronischen Belastung mitbetroffen, so kann die berechtigte Frage entstehen, ob auf Dauer das Leben in einem Heim für das behinderte Kind nicht die sinnvollere Lösung wäre. Es gibt immer wieder Situationen, in denen Eltern zu einer Heimunterbringung geraten werden muß, und oft dauert es ein oder zwei Jahre, bis dieser Schritt getan werden kann.

Eltern, die mit der Frage nach einer Heimunterbringung umgehen müssen, leiden sehr unter dem immer noch verbreiteten gesellschaftlichen Pauschalurteil, man schiebe damit sein Kind ab. Dieser Gedanke ist unsinnig. Heime sind heute keine Bewahranstalten mehr, sondern arbeiten in der Regel mit hohen Ansprüchen, was die Förderung und die Gestaltung der Lebensqualität des Kindes anbelangt. Das Heim will und kann die Eltern niemals ersetzen. Es versteht sich auch nicht als Alternative zum Elternhaus, sondern es möchte dem Kind einen auf seine Bedürfnisse ausgerichteten optimalen Lebensraum gestalten mit einem sozialen und therapeutischen Rahmen, der zu Hause in vielen Fällen nicht geboten werden kann. Wenn möglich ist das Kind in den Schulferien zu Hause, und damit ist eine regelmäßige Beziehung zur Familie gewährleistet. Rüdiger Grimm schreibt in seinem Buch *Die therapeutische Gemeinschaft in der Heilpädagogik*[29], daß es nicht um die Frage Familie *oder* Heim geht, sondern um die Bemühung: Familie *und* Heim.

Eltern, die an eine Heimunterbringung ihres Kindes denken, sollten im Vorgespräch genau klären, wie in der anvisierten Einrichtung die Zusammenarbeit mit den Eltern gehandhabt wird.

- Wie wird der Prozeß der Lösung vom Kind, wenn es im Heim aufgenommen wird, vorbereitet und begleitet?
- Wie sind die Regelungen bezüglich Wochenend-Heimfahrt, Ferien und Besuchen – eher dogmatisch, prinzipiell oder auf die individuellen Bedürfnisse ausgerichtet?
- Gibt es die Möglichkeit für regelmäßige Gespräche mit den Menschen, die das Kind betreuen, mit ihm therapeutisch arbeiten oder es unterrichten?
- Kann man abends auch einmal anrufen, wenn einem das Herz schwer ist, ohne das Gefühl haben zu müssen, aufdringlich oder störend zu wirken?
- Haben die dort angebotenen Elternseminare reinen Fortbildungs- und Informationscharakter oder bieten sie auch

ein Forum, wo persönliche Anliegen, Sorgen, Nöte, eventuelle Kritik und Änderungsvorschläge geäußert werden können?

Die Antworten auf diese Fragen sagen viel über die Qualität einer Einrichtung aus, besonders dann, wenn der Anspruch besteht, den ganzen Menschen zu berücksichtigen, und zu diesem ganzen Menschenkind gehören immer seine Eltern, deren Schicksal mit dem Schicksal des Kindes eng verwoben ist. Die jeweilige weltanschauliche beziehungsweise religiöse Identität der Einrichtung muß nicht zur Weltanschauung oder Religion der Eltern werden. Wichtig sind nur unbedingte gegenseitige Toleranz und eine möglichst übereinstimmende Meinung, was die Erziehung des Kindes anbelangt. Es wäre für das Kind verunsichernd, wenn es ständig zwischen zwei ganz verschiedenen «Welten» hin- und herpendeln müßte. Es erspart unnötige spätere Konflikte, wenn man im Vorgespräch möglichst genau herausarbeitet, wie die gegenseitigen Erwartungen aussehen.

Wird das Kind, das eine Behinderung hat, zum Jugendlichen, sehen sich die Eltern mit der Frage nach seiner Zukunft konfrontiert. Manchmal sieht die Lösung so aus, daß der Jugendliche zu Hause wohnen bleibt und tagsüber beispielsweise eine Werkstätte für Behinderte besucht. Wenn die Möglichkeit besteht, daß das inzwischen große Kind in eine Einrichtung für Erwachsene oder eine Wohngruppe umziehen könnte, so ist dieser Schritt rechtzeitig zu erwägen. Ich halte nichts davon, daß Jugendliche bis in ihre frühen zwanziger Jahre hinein in der Schule bleiben dürfen. Die Lernfähigkeit im Alter von sechzehn, siebzehn Jahren ist besser als mit Mitte zwanzig, ebenso die innere Flexibilität, sich in einen sozialen Organismus, wie es eine sozialtherapeutische Einrichtung mit verschiedenen Werkstätten und Arbeitsbereichen ist, einzuleben.

Um Klarheit darüber zu gewinnen, ob oder wann das große Kind sich von zu Hause lösen soll, empfiehlt es sich, folgende Fragen zu bedenken:

- Können wir unserem Kind bei uns eine ihm gemäße soziale Umwelt bieten?
- Wagen wir den Schritt, unser Kind in eine Einrichtung für Erwachsene zu geben, deshalb nicht, weil wir Angst vor dem Loslassen haben?
- Welcher Beruf ist für unser Kind der richtige – können ihm von zu Hause aus genügend Angebote gemacht werden, um festzustellen, wo seine Fähigkeiten liegen, wie es seiner Berufung am nächsten kommt?
- Haben wir Angst vor der Leere, die entsteht, wenn die Aufgabe, unser Kind zu versorgen, nach siebzehn, achtzehn, neunzehn Jahren plötzlich wegfällt?

Die Frage nach einem Wechsel ins Heim betrifft nicht nur eine entscheidende neue Richtung im Leben des Kindes, sondern genauso in dem seiner Eltern. Die Fähigkeit, das Kind loszulassen, muß erst mühsam errungen werden. Loslassen ist mit Verlustängsten verbunden und wird oft als existentieller Prozeß erlebt. Das Loslassen birgt die Chance in sich, dem Kind in Zukunft anders, entspannter, stärker, ja, neu begegnen zu können. Früher stand der Existenzkampf im täglichen Leben mit dem Kind im Vordergrund; sind die Zeiten der Begegnung mit dem Kind begrenzt, entwickelt sich die Perspektive, daß Trennung und Begegnung für die Eltern und das Kind mit der Zeit wie Ein- und Ausatmen erlebt werden können, was unter Umständen zu einer wesentlichen Vertiefung der Beziehung beiträgt.

Eltern sollten sich nicht davor scheuen, während des Lösungsprozesses vom Kind Hilfe durch Psychotherapie oder

Biographieberatung in Anspruch zu nehmen. Regelmäßige Zusammenkünfte von Eltern, die sich in ähnlichen Situationen befinden, können auch in dieser Situation wertvoll sein.

Ausklang

Es ist mir ein Anliegen gewesen, in diesem Buch einige Aspekte zur Bedeutung der Behinderung des Kindes für die Biographie seiner Mutter und seines Vaters herauszuarbeiten. Das Leid, ein Kind zu haben, das anders ist als die anderen Kinder, steht für die meisten Eltern immer wieder im Vordergrund. Dieses Leid, die Mühen und Strapazen, die Eltern durch ihr Kind auferlegt bekommen, zieht sich wie einer von mehreren roten Fäden durch das Leben. Bleibt man bei dieser schmerzvollen Wahrnehmung stehen, so kann das Schicksal der Eltern und des Kindes unerträglich wirken. Die Tatsache der Behinderung des Kindes bleibt bestehen, das seelisch-geistige Erleben der Eltern aber birgt die Möglichkeit der Verwandlung des Leides in sich: Reifung, Entwicklung, innere Stärke, Wesentliches von Unwesentlichem unterscheiden zu können und andere individuell verschiedene Fähigkeiten.

Die Wandlung wird vom Kind impulsiert. Der Impuls aber braucht, um wirksam werden zu können, die Liebe zum gesunden Wesenskern des Kindes und schließlich die Begegnung mit ihm. Die Bemühung um diese Liebe erzieht zu einer inneren Haltung der Hochachtung vor der Individualität des Kindes, und diese Haltung wird vom Kind wahrgenommen.

Für viele Mütter und Väter ist das hier Gesagte selbstverständlich und auf der Gefühlsebene schon immer vorhanden. Es kann eine Hilfe sein, den Weg zum Seelisch-Geistigen des Kindes, das mit einem Mantel der Behinderung umkleidet ist, auch erkenntnismäßig zu gehen.

Beide, Verstand und Gefühl oder besser Kopf und Herz, wirken nun auf das Tun, das dann kein verzweifelter Kampf um Normalisierung mehr ist, sondern dem Kind gerecht wird.

Gelingt es den Müttern und Vätern, so weit zu kommen, wird das Kind mit seiner Behinderung zum Bestandteil des eigenen biographischen Werdestroms. Sich darauf einzulassen bedeutet Entwicklung zuzulassen.

Das Kind wartet darauf.

Anmerkungen

1 Rudolf Steiner, *Wie erlangt man Erkenntnisse der höheren Welten?*, GA 10, 24. Auflage, Dornach 1993. (Auch als Taschenbuch, Tb 600, erhältlich.)

2 Hans Müller-Wiedemann, *Menschenbild und Menschenbildung*, Stuttgart 1994.

3 Henning Köhler, *«Schwierige» Kinder gibt es nicht*. Plädoyer für eine Umwandlung des pädagogischen Denkens. 3., überarbeitete Auflage, Stuttgart 1997.

4 Das Problem der in Frage gestellten Identität von Müttern mit behinderten Kindern wird von Monika Jonas in ihrem Buch *Trauer und Autonomie bei Müttern schwerstbehinderter Kinder*, Mainz 1996, ausführlich erörtert.

5 Rudolf Steiner beschreibt die Empfindungsseele mit den Worten: «Man stelle sich den Menschen vor, wie er von allen Seiten Eindrücke empfängt. Man muß sich ihn zugleich nach allen Richtungen hin, woher er diese Eindrücke empfängt, als Quelle der bezeichneten Fähigkeit denken. Nach allen Seiten hin antworten die Empfindungen auf die Eindrücke. Dieser Tätigkeitsquell soll *Empfindungsseele* heißen.» *(Theosophie*, GA 9, 30. Aufl., Dornach 1978, S. 40)
Bezüglich der Entwicklung des einzelnen Menschen ist das zunehmend vom Ich geprägte und somit individualisierte Empfindungsleben gemeint. Es entsteht eine Grundlage für das persönliche Seelische, das im Laufe der Zeit bis etwas zum 42. Lebensjahr differenziert ausgebildet wird.

6 «Das Ich steigt zu einer höheren Stufe seiner Wesenheit, wenn es seine Tätigkeit auf das richtet, was es aus dem Wissen der Gegenstände zu seinem Besitztum gemacht hat. Dies ist die Tätigkeit, durch welche sich das Ich von den Gegenständen der Wahrnehmung immer mehr loslöst, um in seinem eigenen Besitz zu arbei-

ten. Den Teil der Seele, dem dieses zukommt, kann man als *Verstandes- oder Gemütsseele* bezeichnen.» (Rudolf Steiner, *Die Geheimwissenschaft im Umriß*, GA 13, 28. Aufl., Dornach 1968, S. 65)

7 «Auf der Suche nach dem roten Faden». Interview mit Bernard Lievegoed, in: *Flensburger Hefte*, Nr. 31, Flensburg 1990.

8 Während die Empfindungsseele wie auch die Verstandesseele mit dem arbeiten, was sie durch die Eindrücke der sinnlich wahrgenommenen Gegenstände erhalten und was von diesen in der Erinnerung bleibt, so daß die Seele hier dem hingegeben ist, was außerhalb ihrer liegt, erlangt der Mensch durch die *Bewußtseinsseele* ein inneres Wissen von sich selbst.
«Empfindungsseele und Verstandesseele leben in der äußeren Welt. Die Bewußtseinsseele taucht in das Göttliche ein, wenn die Seele zur Wahrnehmung ihrer eigenen Wesenheit gelangt.» (Rudolf Steiner, *Die Geheimwissenschaft im Umriß*, S. 52.)
«Die Bewußtseinsseele berührt die von jeder Antipathie und Sympathie unabhängige, durch sich selbst bestehende Wahrheit.» (*Theosophie*, S. 51.)

9 Erläuterungen der auf S. 46/47 gebrauchten Fachausdrücke:
Pneumothorax – Luftansammlung im Brustfellraum
Hydrozephalus – Wasserkopf (heute kein gängiger Begriff mehr)
Shunt – Kurzschlußverbindung zwischen Blutgefäßen
BNS-Krämpfe – Form von epileptischen Anfällen im frühen Kindesalter
Status epilepticus – epileptischer Dauerzustand
Grand-Mal-Anfälle – generalisierter epileptischer Anfall
Hüftluxation – Verrenkung im Hüftgelenk

10 Die Chirophonetik ist eine auf Sprache basierende Therapie, durch welche die Eigenwahrnehmung des Kindes, der Inkarnationsprozeß und die Sprachanbahnung gefördert werden. Dabei wird direkt am Körper mit Bewegungen gearbeitet, die jenen Luftströmungsformen entsprechen, die während der Artikulation entstehen.
Seit etwa 25 Jahren wenden auch viele Eltern diese von D. A. Baur aus Linz entwickelte Methode bei ihren Kindern an.

Alfred Baur, *Lautleben und Logoswirken.* Grundlagen der Chirophonetik, Stuttgart 1996.

11 In diesem Falle in Erlangen. Das Fort- und Weiterbildungsprogramm der Lebenshilfe kann bei der Bundesvereinigung Lebenshilfe angefordert werden. Es enthält ausführlich beschrieben die geplanten Veranstaltungen der Bundesvereinigung Lebenshilfe sowie in Kurzform die Angebote aller Landesverbände.
Anschrift: Bundesvereinigung Lebenshilfe für Menschen mit geistiger Behinderung e.V., Institut Fort- und Weiterbildung, Raiffeisenstraße 18, 35043 Marburg, Telefon (0 64 21) 4 91-0, Telefax (0 64 21) 4 91-167.

12 Auskünfte über den familienentlastenden Dienst können beim jeweiligen Landesverband der Lebenshilfe erfragt werden.

13 Rudolf Steiner, *Wahrspruchworte*, GA 40, 4. Auflage, Dornach 1978, S. 210.

14 In der Übersetzung von Emil Bock. *Das Neue Testament*, Stuttgart 1980.

15 In Anlehnung an: Ernst Uehli, *Leonardo, Michelangelo, Raffael*, Dornach 1967.

16 Hans Müller-Wiedemann, *Nahe dem Engel*, Stuttgart 1987.

17 Emil Bock, *Frucht des Leidens*, Stuttgart 1983.

18 Hier zitiert nach der Ausgabe: Gotthold Ephraim Lessing, *Werke, Bd. 6: Die Erziehung des Menschengeschlechts.* Leipzig: Reclam 1908.

19 Einige Vorträge Rudolf Steiners zum Thema Reinkarnation finden sich zusammengestellt in dem Taschenbuch *Wiederverkörperung. Zur Idee von Reinkarnation und Karma.* 10 Vorträge von Rudolf Steiner. Ausgewählt und herausgegeben von Clara Kreutzer. 3. Auflage, Stuttgart 1993.

20 Siehe Anmerkung 14.

21 Kahlil Gibran, *Der Prophet,* Zürich 1977.

22 Raymond A. Moody, *Leben nach dem Tod,* Reinbek bei Hamburg 1997.

23 Rudolf Steiner, *Theosophie.* Einführung in übersinnliche Welterkenntnis und Menschenbestimmung, GA 9, 31. Auflage, Dornach 1987.

24 Siehe Anm. 10.

25 Nach der Ausgabe: Brüder Grimm, *Kinder- und Hausmärchen*, 17. Aufl., München 1996, S. 651 ff.

26 Friedel Lenz, *Bildsprache der Märchen*, Stuttgart 1980.

27 «Idiotie» war zur Zeit R. Steiners ein gängiger psychiatrischer Begriff, der keine abwertende Beurteilung enthält.

28 Rudolf Steiner, *Die Theosophie des Rosenkreuzers*, GA 99, 6. Auflage, Dornach 1979, S. 51.

29 Rüdiger Grimm, *Die therapeutische Gemeinschaft in der Heilpädagogik*, Stuttgart 1991.

Literaturhinweise

Biographie / Biographiearbeit:

Gudrun Burkhard: *Das Leben in die Hand nehmen.* Arbeit an der eigenen Biographie. 6. Auflage, Stuttgart 1997.
Gudrun Burkhard: *Schlüsselfragen zur Biographie.* Ein Arbeitsbuch. 2. Auflage, Stuttgart 1995.
Bernard C. Lievegoed: *Lebenskrisen – Lebenschancen.* Die Entwicklung des Menschen zwischen Kindheit und Alter. 11. Auflage, München 1997.
Gabriel Prinsenberg: *Der Weg durch das Labyrinth.* Biographisches Arbeiten – Begleitung auf dem Lebensweg. Schaffhausen 1997.

Reinkarnation und Karma:

Wiederverkörperung. Zur Idee von Reinkarnation und Karma. 10 Vorträge von Rudolf Steiner. Ausgewählt und herausgegeben von Clara Kreutzer. 3. Auflage, Stuttgart 1993.
Rudolf Steiner, *Wiederverkörperung und Karma und ihre Bedeutung für die Kultur der Gegenwart.* Fünf Vorträge. Dornach 1985.
Pietro Archiati: *Karma, Gnade und Freiheit im täglichen Leben.* 2. überarb. Auflage, Stuttgart 1998.

Heilpädagogik / Pädagogik / Sozialtherapie:

Johannes Denger (Hrsg.): *Lebensformen in der sozialtherapeutischen Arbeit.* Stuttgart 1995.
Michaela Glöckler; *Begabung und Behinderung.* Praktische Hinweise für Erziehung und Selbsterziehung. Stuttgart 1997.
Rüdiger Grimm, *Die therapeutische Gemeinschaft in der Heilpädagogik.* Das Zusammenwirken von Eltern und Heilpädagogen. Stuttgart 1991.

Alfred Heinrich: *Wo ist mein Zuhause?* Integration von Menschen
mit geistiger Behinderung. Stuttgart 1997.
Hans Friedbert Jaenicke: *Kinder mit Entwicklungsstörungen.* Mög-
lichkeiten und Grenzen der Integration in der Waldorfschule.
Stuttgart 1996.
Henning Köhler: *Von ängstlichen, traurigen und unruhigen Kindern.*
3. Auflage, Stuttgart 1995.
Henning Köhler: *«Schwierige» Kinder gibt es nicht.* Plädoyer für eine
Umwandlung des pädagogischen Denkens. Stuttgart 1997.

Sinneslehre / Menschliche Entwicklung allgemein:

Zur Sinneslehre. 8 Vorträge von Rudolf Steiner. Ausgewählt und herausgegeben von Christoph Lindenberg. 4. Auflage, Stuttgart
1994.
Willi Aeppli: *Sinnesorganismus, Sinnesverlust, Sinnespflege.* Die Sinneslehre Rudolf Steiners in ihrer Bedeutung für die Erziehung.
Aktualisierte Neuausgabe, Stuttgart 1996.
Karl König: *Die ersten drei Jahre des Kindes.* Erwerb des aufrechten
Ganges – Erlernen der Muttersprache – Erwachen des Denkens.
10. Auflage, Stuttgart 1997.
Stefan Leber: *Die Menschenkunde der Waldorfpädagogik.* Anthro-
pologische Grundlagen der Erziehung des Kindes und Jugendlichen. Stuttgart 1994.

SUSANNE SCHÄFER

Die «Schlafkrankheit» Narkolepsie

Ein Erfahrungsbericht über Lachschlag, Schrecklähmung
und Pennen in Pappkartons
291 Seiten, gebunden mit Schutzumschlag

«Wie ist das, wenn Sie lachen – wird Ihnen da weich in den Knien?»

Was diese Frage des Oberarztes an einer auf Schlafmedizin spezialisierten Klinik mit ihren Schlafanfällen zu tun hatte, lernte Susanne Schäfer erst langsam begreifen, aber dann sehr gründlich. Und sie mußte auch nach und nach verstehen, daß ihr «Autismus» wohl nur eine Folge der viel nachhaltigeren Narkolepsie war.

Wie diese Schlafkrankheit sich in ihrem Leben von frühester Kindheit an zeigt, mit welchen Schwierigkeiten sie es dabei zu tun hatte und wie die neue Diagnose geholfen hat, mehr aus ihrem Leben zu schöpfen, als sie es sich früher je hätte vorstellen können – das beschreibt Susanne Schäfer anschaulich und mit großem Engagement. Sie ist schonungslos sich selbst gegenüber, aber auch gegenüber manchen medizinisch-psychologischen Vorurteilen.

Verlag Freies Geistesleben

SUSANNE SCHÄFER

Sterne, Äpfel und rundes Glas

Mein Leben mit Autismus
Mit einem Vorwort von Christopher Gillberg, Professor
für Kinder- und Jugendpsychiatrie, Göteborg.
256 Seiten, gebunden mit Schutzumschlag

Noch keine sechsundzwanzig Jahre alt, macht sich Susanne Schäfer auf den abenteuerlichen Weg in die renommierte Annedalsklinik in Göteborg, Schweden – über Mainz, Frankfurt, Hamburg, Kopenhagen und dann im Nachtzug nach Göteborg. Dort erhält sie die Diagnose »Autismus« und die Prognose für die Zukunft: «lebenslänglich».

Wie es dazu kam und welche Hilfe ihr diese Diagnose zunächst gab, das beschreibt Susanne Schäfer auf ihre frische, sympathisch-nüchterne Art in ihrem ersten, ursprünglich norwegisch geschriebenen Buch, das in Schweden unter dem Titel «Stjärnor, linser och äpplen» erschien.

Die deutsche Ausgabe ist eine wesentlich erweiterte und aktualisierte Neufassung. Sie zeigt, wie wichtig es für jeden Menschen ist, über die Gründe seines Andersseins zu erfahren.

Verlag Freies Geistesleben

GUNILLA GERLAND

Ein richtiger Mensch sein

Autismus – das Leben von der anderen Seite
291 Seiten, gebunden mit Schutzumschlag

Was bedeutet es, nicht so zu sein wie die anderen?

Gunilla Gerland hatte von Kind an Eigenheiten, die keiner verstand und keiner recht ernst nahm. Verzweifelt bemühte sie sich, den Erwartungen nachzukommen, die ihre Umgebung an sie stellte. Warum sollte sie denn manches nicht können, während sie anderes, wie etwa Sprachen, mit Leichtigkeit lernte?

Sie mußte unentwegt dem Rätsel des «Normalen», «Selbstverständlichen» auf der Spur sein, denn für sie selbst war eine ganz andere Realität die selbstverständliche. Zum Beispiel Zweidimensionalität: An der Straße stehen viele Häuserfassaden, dahinter ist – nichts.

Lärm: wirkt so unmittelbar, daß es ihr buchstäblich den Boden unter den Füßen wegzieht.

Gunilla Gerlands genaue, feine Schilderung gibt die einzigartige Gelegenheit etwas von der Weltwahrnehmung und dem Selbsterleben zu spüren, die für Menschen mit Autismus charakteristisch sind, und unseren gewohnten Standpunkt in der Welt mit «fremden Augen» zu betrachten.

Verlag Freies Geistesleben

*Ein bewegendes biographisches
und autobiographisches Zeugnis*

HELEN KELLER

Teacher

*Meine Lehrerin Anne Sullivan Macy
Aus dem Amerikanischen von Monika Pasch.
256 Seiten, gebunden mit Schutzumschlag*

«Mitleid im hergebrachten Sinne kann die Quelle von Teachers Motiven nicht beschreiben. Es war der Zweifel an der Natur als einem unerschütterlichen Freund des Menschen, der ihren Bemühungen zugrunde lag, Helen zu befreien. Unermüdlich war ihr Ansturm gegen die Blindheit, Taubheit und Stummheit, die ihre kleine Schülerin in einem dreifachen Kerker gefesselter Instinkte festhielt. Kühn beschloß sie, sich selbst an die Stelle der Natur zu setzen und deren ziellose Herrschaft über Helen zu beenden, indem sie die rohe Grausamkeit gegenüber dem Schicksal des Kindes durch Liebe und Erfindungsreichtum ersetzte.»

Mit diesen Worten würdigt Helen Keller, die mit neunzehn Monaten erblindete und taubstumm wurde, die außerordentliche Leistung ihrer Lehrerin Anne Sullivan und den eigentlich erzieherischen Impuls, für den diese ihr ganzes Leben einsetzte. Was Helen Keller in ihrem persönlichsten Werk verfaßt hat, ist das Zeugnis einer untrennbaren Schicksalsbeziehung zweier Frauen, die sich in ihrem Wirken gegenseitig befruchteten und gemeinsam Ungeahntes leisteten.

Verlag Freies Geistesleben

*«Ein schönes und spannendes, manchmal trauriges
und doch Mut machendes Buch.»*

JENS BJØRNEBOE

Jonas

Roman
Aus dem Norwegischen von Elisabeth Ihle.
Mit einem Aufsatz des Autors «Als ich Jonas schrieb»
und einem Nachwort von Almut Bockemühl
410 Seiten, gebunden mit Schutzumschlag

Jonas – das ist ein siebenjähriger Junge, dem wir in der Nacht
vor seinem ersten Schultag begegnen, wie er im Traum frei
über einem Fjord schwebt, wie Bild um Bild vor seinen Augen
entsteht. Er wird vergessen, wie es im Himmel war, wenn die
Lehrerin ihn durch das Gestrüpp der Buchstaben jagt. Jonas
flieht. Kehrt von seiner Meerfahrt zurück. Findet in eine neue
Schule am andern Ende der Stadt.

Jonas – das ist aber auch der alte Oberlehrer Jochumsen, der
Literaturkritiker Werner, der Lehrer Marx, der Jungmann, der
Priester, der kleine Bobb …, sagt der Autor Jens Bjørneboe.

In der äußeren Schulhandlung geht der Sinn des Romans
nicht auf. Und doch steht die Pädagogik in ihrem Zentrum,
Pädagogik insofern, als sie von der Frage nach dem Menschsein
und dem Weg des Menschen nicht zu trennen ist. Diese stellt
der Autor mit jeder Figur, die er zeichnet, in aller Eindringlich-
keit.

Verlag Freies Geistesleben

Camphill

Fünfzig Jahre Leben und Arbeiten mit Seelenpflege-
bedürftigen Menschen. Herausgegeben von Cornelius Pietzner
und Joachim Scholz, Vorwort von Wilhelm Ernst Barkhoff.
Übersetzt aus dem Englischen von Susanne Lenz.
173 Seiten mit über 200 Farb- und Schwarzweißfotos,
gebunden

28. Mai 1939: In einem alten Pfarrhaus bei Aberdeen findet sich eine kleine Gruppe österreichischer Emigranten zusammen, um die Eröffnung einer neuen Gemeinschaft für behinderte Kinder zu feiern. Aus dem ärmlichen, vom Krieg bedrohten Anfang entwickeln Karl König und seine Mitarbeiter die Camphill-Bewegung, der heute mehr als siebzig Einrichtungen in vier Erdteilen angehören.

Dieses Buch entfaltet in Berichten und Bildern die ungewöhnliche Geschichte von Camphill. Es schildert das gemeinsame Leben und Arbeiten, die Gestaltung sozialer Verhältnisse, die Anfänge und das heute Erreichte.

«Diesem Buch wünsche ich eine weit Verbreitung, damit möglichst viele Menschen daran Anstoß nehmen können. Sie werden Anstoß nehmen, weil sich in ihm die ungewöhnliche Wirklichkeit von Camphill ausdrückt. Sie werden aber auch Anstoß nehmen, weil diese Wirklichkeit durch das Buch verdeckt wird. Das, was in Camphill sichtbar werden will, ist wirklich neu, das heißt anstößig. Wer ihm nahe kommt, wird bewegt.»
Wilhelm Ernst Barkhoff

Verlag Freies Geistesleben